# その情報、本当ですか？

―ネット時代のニュースの読み解き方

塚田祐之

ュニア新書 866

# はじめに

日本でテレビ放送が始まったのは、いまから65年前の1953年です。2月1日に日本放送協会（NHK）が放送開始、8月28日には、東京の日本テレビ放送網が民放で初めてテレビ放送を始めました。

私はその前の年、1952年3月生まれなので、ほぼ日本のテレビ放送の歴史と一緒に歩んできました。その私が、テレビの番組制作や公共放送の経営に携わり41年間、NHKで仕事をしてきました。そのうち30年は、報道系の番組の制作ディレクターとしてテレビ報道を支えてきました。そこで学んだことは、取材を通して、事実にこだわり、真実を伝えることです。

その私が、いま一番心配しているのは、〝事実は二の次〟という政治や経済、社会など、世の中全体の風潮です。〝本当の事実〟はともかく別にして、〝自分に都合の良い事実〟を集め、それを一方的に声高に主張し、他の人々との議論を避ける。

2016年のイギリスのEU(ヨーロッパ連合)離脱の国民投票、アメリカのトランプ大統領の誕生、そして日本の政治でも……。このところこうした風潮が強まっています。


いま、新聞やテレビなど、マスメディアの影響力が低下していると言われています。インターネットのソーシャル・ネットワーキング・サービス(SNS)の中では、既成のマスコミを〝マスゴミ〟とまでいう投稿が行われています。

一方で、スマートフォンを使って、誰もが、どこからでも、どんな意見でも、自由に自分で発信できるインターネットの急速な普及にともなって、こうした〝事実は二の次〟という風潮が世界中に広がってきています。

〝本当の事実〟を知らないで、ものごとを判断した後に起こることは何でしょうか。

基本的な〝事実〟でさえ共有できない状況の中で、〝自分に都合の良い事実〟だけを一方的に主張し、議論を避けてしまったら、人々の合意に基づく、政治や社会の意思決定ができるでしょうか。

私が長い間携わったテレビ報道の世界は、放送時間に追われながらも、何よりも「事実」の確認から始まり、「事実」の確認で終わる仕事でした。

いつ(When)、どこで(Where)、誰が(Who)、何を(What)、なぜ(Why)の5Wと、どうやって(How)の1Hのいわゆる〝5W1H〟の事実確認が報道の基本です。

自分の思い込みを排除するためにも、取材を重ねる中で、できるだけ多くの「事実」を積み上げ、それをもとに、ものごとの本質、「真実」に迫ろうと努力しました。

こうして取材・制作したニュースや番組を多くの視聴者のみなさんに見ていただき、視聴者のみなさんの人生や生活を豊かにし、社会にとってより良い選択につなげたい。そういう思いで仕事を続けてきました。

ですから、すべての出発点は〝真実につながる事実〟をどう見つけるかです。

では、どうしたら〝本当の事実〟をつかめるのでしょうか。これは簡単なことではありません。

インターネット上には、本当とうそとが入り混じった膨大なニュースや情報があります。その中から、〝事実に基づく情報〟をどのように選び出し、それをもとに自分で考え、どう判断し、行動するかがこれからの時代を担う若者たちに強く求められています。

これはとても難しいことですが、情報を読み解く力を自分でつけないとたいへんな時代になっていると確信しています。

世界には多様な文化や意見があります。自分の考えとは違う意見がたくさんあります。ですから、事実に基づいて、多様な意見に耳を傾け、みんなで議論し、判断することがいまの時代、特に重要なことです。

この本は、これまで私が携わってきたテレビ報道の経験を具体的にお話ししながら、事実とは何か、真実とは何かをみなさんと一緒に考え、若いみなさんにこれからの時代に向けて〝ニュース・情報を読み解く力〟をきちんとつけてもらいたいと思って書き始めました。

事実を読み解くことはなかなか難しいことですが、社会をより広く知ることにつながり、新しい世界が開けてくると思います。

本書に、みなさんが理解しやすいように、言葉の解説を入れようと考えましたが、今回はあえてやめました。みなさんは、この本を読みながら、わからない言葉や気になる事柄、資料などを、ぜひ自分でインターネットを使って検索してみてください。

検索しようとすることで、自分の知りたいことが明確になります。ただ、検索する際、表示された検索結果の上位の1つだけを読んでわかった気にならないでください。

その情報は、マスメディアからの情報なのか、公的な機関からの情報なのか、企業からの情報なのか、個人が発信した情報なのか。情報源を必ず確認するとともに、自分とは違った意見や解釈を大事にしながら、複数の項目を読んで確認することが大切です。

それこそが情報を読み解く力につながると確信しています。

# 目 次

編集協力＝メディアプレス

# 第1章

# 相次ぐ「フェイクニュース」の出現

## ――何が本当の情報か――

## ◆「フェイクニュース」とは

みなさんは、「フェイクニュース」という言葉を聞いたことがありますか。

「フェイク」とは英語で、にせもの、模造品などの意味がありますが、「ニュース」という言葉と結びつくと「事実でない、にせのニュース」ということになります。

「ニュース」に「にせもの」があるのでしょうか。

「ローマ法王がトランプ氏支持を表明」
「クリントン氏が過激派組織『イスラム国（ＩＳ）』に武器を売却」
「クリントン氏を捜査するＦＢＩ捜査官が無理心中」

ドナルド・トランプ氏とヒラリー・クリントン氏が争った、２０１６年のアメリカ大統領選挙では、選挙戦が進む中で、インターネットのソーシャル・ネットワーキング・サービス

（SNS）の「フェイスブック」にこうした「ニュース」が相次いで投稿されました。

その後、いずれも事実に基づかない「フェイクニュース」だと判明するのですが、こうした「にせのニュース」がインターネット上でまたたく間に大量に拡散されていきました。

アメリカの調査機関、ピュー・リサーチ・センターが2017年に調査したところによると、アメリカ人の3分の2、67％が、ニュースをインターネットのソーシャルメディアから入手しているという結果が報告されています。その中でも、世界で月間ユーザー数が20億人を超え、アメリカでは2億人が利用しているという「フェイスブック」の影響力は大きく、アメリカ人全体の45％が「フェイスブック」でニュースに接触しているとされています。

その「フェイスブック」を通じて、アメリカ大統領選挙に関わるニュースがどう広がっていったのか、アメリカのネットメディア、バズフィードが分析しています。

その分析結果によると、大統領選挙の投票日までの3か月間に、新聞、テレビなどのマスメディアが報じた大統領選挙関連のニュース上位20位までの記事が、「いいね！」や共有、コメントという形でシェアされた件数は、736万7000件でした。

一方で「フェイクニュース」の上位20位までの記事がシェアされた件数は、871万1000件となっており、「フェイクニュース」の方が、マスメディアが伝えた情報量を大きく上回って拡散していました。

では、人々は「フェイクニュース」をどう受け止めていたのでしょうか。ピュー・リサーチ・センターの調査によると、「フェイクニュース」が基本的な事実について、アメリカ人を混乱させたか」という質問に、「大いに混乱させた」64%、「ある程度混乱させた」24%、「それほどでもない、混乱はない」11%と答えています。9割近い人々が、「フェイクニュース」がアメリカ人を混乱させたと受け止めています。

こうしたことから、事実ではない「フェイクニュース」が、「フェイスブック」などソーシャルメディアを通じて友人や知り合いなどの多くの人々に拡散したことにより、何が事実なのかを知る上で混乱をもたらし、大統領選挙の投票行動に及ぼす影響が広がったのではないかと言われています。

では、スマートフォンやインターネットを利用する頻度が高い10代の若者は、「フェイクニュース」を見分けられるのでしょうか。

アメリカ、スタンフォード大学のサム・ワインバーグ教授らの研究グループは２０１６年11月、アメリカの中学生から大学生まで７８０４人を対象にした調査結果をもとに、「10代の若者がネット上で見つけた情報をどう評価しているか」についての報告書を発表しました。

それによると、回答した中学生の82％がインターネット上の本物のニュースと「フェイクニュース」の見分けがつかなかったという結果が報告されています。記事風に仕立てられた「スポンサード・コンテンツ」と呼ばれる広告と、本物のニュース記事の見分けがつかなかったと言います。

また、高校生の10人にほぼ４人は、変形したヒナギクの写真を見て、その写真を誰がどこで撮影したかが明記されていないにもかかわらず、見出しを根拠に、福島第一原子力発電所の近くがいかに有害な状況にあるかを示す強力な証拠だと信じたと報告されています。

「10代の若者の多くが『フェイクニュース』を見分けられなかった」。ワインバーグ教授はこの結果をもとに、ソーシャルメディアを巧みに使いこなしている若者は、情報をよく理解していると思われがちだが、現実は全く逆であり、10代の若者は、事実か否かを調べる基本スキルを学ぶことが重要だと指摘しています。

### ◆「フェイクニュース」がきっかけで発砲事件まで

ワシントンでは2016年12月、「クリントン氏が児童買春組織に関与している」というにせのニュースを信じた男が、拠点とされたピザ店を襲撃する事件が起こりました。「ピザゲート事件」と呼ばれています。

男は、インターネットの記事を次から次へと読むうちに、「罪のない人々が苦しんでいると思うと、胸が痛んだ」などと思い、銃をもってピザ店に乗り込み発砲事件を起こしたと報道されています。しかし実際には、ピザ店にとらえられている子どもはいませんでした。

事件後に、アメリカの調査会社、パブリック・ポリシー・ポーリングが大統領選挙に投票した人を対象に行った調査によると、「クリントン氏がピザ店を拠点とした児童買春ネットワークに関与している」と思っている人が、トランプ氏に投票した人々では14％、クリントン氏に投票した人々でも５％となっており、事件後もなお、事実でなかった「フェイクニュース」を信じている人々が少なくないという状況が明らかになりました。

インターネットが出現した時、これまでの新聞やテレビなどのマスメディアと違い、誰でも、どこからでも、自由に発信できる情報手段として期待されました。誰もが参加でき、平等な発言権が与えられる「ユートピア（理想郷）」が実現できるのではないかと思われたものです。

しかし実際に起きたのは、理想とはかけ離れた深刻な問題でした。いま、インターネット上では、うそと本当の情報が入り乱れ、膨大で多種多様な情報の渦の中で、何が事実に基づく正しい情報なのか、何がにせの情報なのか、判断するのがきわめて難しい時代に直面しています。

## ◆「フェイクニュース」をどう見分けるか

では、どうしたら「本当の情報」と「フェイクニュース」とを見分けられるでしょうか。私は、目にした情報を前に、すぐに「フェイクニュース」だと見分けられる自信はありませんが、ふだんから実行している方法があります。

それは、どんな情報でも「まずおかしい」「そんなことがあるのか」と思うことから始めてみるということです。

「ローマ法王がトランプ氏を支持」というにせのニュースをもとに考えてみます。

そもそも、世界平和を希求するローマ法王が、「自国優先」「隣のメキシコとの間に壁を建設する」ことを声高に訴え、対立をあおるトランプ氏を支持するかという素朴な疑問です。インターネットで検索していくと、2016年2月にフランシスコ・ローマ法王は「壁を造ることだけを考えている人はキリスト教徒ではない」とトランプ氏を批判したという複数の新聞社の記事が見つかります。さらにローマ法王が「不法移民の受け入れや地球温暖化対策への参加を呼びかけた」という別の記事もあります。こうした報道から「おや？」と思ってみることがまず大事だと思います。

その次に、情報が出ることにより「誰が得をするのか」「誰が損をするのか」という角度から考えてみることも大切です。

トランプ支持派が「ローマ法王が支持」と流すことで、多くのキリスト教徒のトランプ氏支持を拡大したいとねらうことも想像されます。しかし、ローマ法王が否定した時の影響を考えると、そう簡単に結論づけることもできません。

ロシア政府がアメリカ主導の自由民主主義秩序を弱体化させるために、サイバー攻撃を仕掛け、トランプ氏の大統領選挙での勝利を支援したという疑惑も現れました。

大統領選挙の期間中に、クリントン氏の選挙を支えるアメリカ民主党全国委員会を標的にしたサイバー攻撃がありました。アメリカ国家情報長官室は、「ロシアが大統領選挙に影響を与えるため、サイバー攻撃を仕掛けた」という報告書を出しました。ロシアは「根拠のない奇妙な報告だ」としていますが、アメリカはサイバー攻撃への報復措置として、ロシアの外交官35人を国外退去処分にするなどの制裁を行いました。

その後、2017年9月にアメリカの「フェイスブック」は、ロシアにつながりのある470のアカウントを閉鎖したと発表しました。これらのアカウントには、2016年のアメリカ大統領選挙の前後に10万ドル(約1100万円)が投じられ、政治広告が掲載されていました。広告の大半は人種、移民、銃規制などの問題を取り上げ、人種的、宗教的、社会的、政治的な対立をあおるような内容で、「フェイスブック」は当初、およそ1000万人がこれらを見たと説明していましたが、その後、最大1億2600万人が閲覧した可能性があると修正しました。

2017年11月、アメリカ議会上院は、フェイスブック、ツイッター、グーグル3社の法律顧問を呼んで公聴会を開きました。この中で、ロシアが絡む広告の内容が次々と明らかにされました。アメリカ議会は、ロシア政府が関与するインターネット・リサーチ・エージェンシーを中心とした組織が、インターネットのSNS上で、アメリカ大統領選挙の民意に影響を与えるような広告の出稿や投稿をしていたことを突き止めました。

インターネット広告を通じて、他国による世論操作が行われかねない状況にまで至っています。

「誰が得をするのか」

こうした中、冒頭で取り上げた「ローマ法王がトランプ氏を支持」などの「フェイクニュース」の発信源が思わぬ方向で明らかになりました。欧米のメディアは、ギリシャと国境を接するマケドニアの小さな町、ヴェレスに住む若者たちがトランプ氏を応援するサイトなど、100以上のサイトを立ち上げ、「フェイクニュース」を作り、巨額の広告収入を得ていたと相次いで報道しました。バルカン半島に位置するマケドニアは、経済的に苦境が続き、失業率も3割近い小国です。

アメリカのテレビ、ABCニュースのインタビュー取材に対して、マケドニアの「フェイクニュース」のサイト制作者は、「トランプについて書くと、アクセス数が伸びた。みんながコメントを投稿したり、記事をシェアしたりしてくれる」「広告のバナーをクリックしてくれればお金が入ってくる。一攫千金《いっかくせんきん》だ」「ここ3か月、フェイクニュースを作っただけで、両親が一生かけて稼ぐ金額がもうかった」などと次々に語り、リポートは「(若者たちが)ネット上の〝金の鉱脈〟を掘り当てた」と伝えていました。

このように、「フェイクニュース」の広がりは、政治的な目的に加えて、扇情的《せんじょうてき》な見出しや情報であればあるほどアクセス数が増えて、拡散が広がり、その結果、多額の広告費が入るというインターネット特有のビジネス構造にまで関係し、〝本当の事実〟を見分けることがますます難しくなってきています。

## ◆「ポスト・トゥルース」

「脱・真実」。2016年を象徴する言葉として、イギリスのオックスフォード英語辞典が選んだのが「ポスト・トゥルース」です。

2016年は、イギリスのEU(ヨーロッパ連合)離脱の国民投票結果や、アメリカ大統領選挙でのトランプ氏勝利など、事前の予想を覆す出来事が相次ぎました。

これらの世論形成において、新聞やテレビなどのマスメディアが伝える「事実をもとにしたニュース」よりも、たとえ「フェイクニュース」であっても個人の感情に訴えるものの方が強い影響力をもつという、いわば「事実は二の次」という状況が顕著になったと言われています。

アメリカ大統領就任式　© AFP＝時事

「事実」をめぐって、トランプ大統領とアメリカのマスメディアの間で、論争が相次いで起こっています。

２０１７年1月のアメリカ合衆国大統領の就任式の来場者数をめぐってトランプ大統領は「就任式はすばらしかった。演台から見渡して１００万人以上が訪れた」「だがメディアは25万人と言った」「私はメディアと戦争している。彼らは地球上で最も不誠実だ」とマスメディアの報道を痛烈に批判しました。

それに対して、アメリカの複数のメディアは、トランプ氏の就任式とオバマ前大統領の就任式の写真を比べ、「来場者数は半数程度だった」と伝えました。今度はその報道に対して、ホワイトハウスのスパイサー報道官は「意図的に虚偽の報道をした」とメディアに反論するとともに、来場者は「過去最多だった」と主張しました。

米3大テレビネットワークの一つ、NBCテレビの報道番組では、インタビューを行ったチャック・トッド氏が「スパイサー報道官はなぜ『明らかな虚偽発言』をしたのか」と問いただしたところ、ケリーアン・コンウェイ大統領顧問は「オルタナティブ・ファクト（もう一つの別の事実）」と答えるなど、トランプ政権とメディアとの間で、「事実」と「虚偽」をめぐって論争が高まりました。

## ◆マスメディアとの対立

トランプ氏は大統領就任後も、敵と味方を明確にした論法を繰り広げ、自分の意に沿わないCNNテレビやNBCテレビ、ニューヨーク・タイムズなどの主要メディアに対して「にせニュースメディアは米国民の敵だ」と批判し、「フェイク」という言葉を繰り返していま す。

そして、みずからの主張は、「ツイッター」を使って国民に向けて直接、一方的に「つぶやき」を発信し続けています。

メキシコ国境への壁の建設について、

「あすは国の安全保障にとって重大な日になるだろう。何よりも我々は壁をつくる」

イスラム圏7か国からの入国制限について、

「今、我々の国は強固な国境と徹底した身元調査が必要だ。欧州と世界中で起きていることを見てみなさい。めちゃくちゃだ」

そして、主要メディアに対して、

「フェイクニュースメディアは、私の敵ではなく、米国民の敵だ」

「もし私が、にせニュース機関CNN、NBC、ABC、CBS、ワシントンポスト、ニューヨーク・タイムズを信頼していたなら、大統領になるチャンスはゼロだっただろう」

「ツイッター」はインターネットを通じて、140文字以内の短い言葉で発信されます（2017年11月から、日本語・中国語・韓国語以外は280文字までに拡大）。それだけに賛成、反対、さまざまな意見がある政治的な課題を、強い口調で歯切れよく、ストレートに伝えるトランプ大統領に注目が集まっていて、フォロワーは4700万人（2018年1月現在）を超えています。

政治の世界では、「ツイッター」はいわば「街頭演説のようなものだ」とも言われ、ストレートな短い言葉で人々のこころをとらえ、主張や違いを明確に伝えることにつながります。

こうした状況の中で、アメリカではマスメディアへの信頼が低下しています。世論調査で知られるアメリカのギャラップ社の調査によると、1976年には72％あったマスメディアへの信頼度が2016年には32％にまで低下。特に、政党支持別にみると、マスメディアへの信頼度は、民主党支持者では51％ですが、共和党支持者では14％にまで低下しています。

こうした傾向が、アメリカ社会の分断に大きな影響を与えています。

## ◆分断されるアメリカの世論

２０１６年のアメリカ大統領選挙では、事前にトランプ氏の勝利を予測した主要なメディアはありませんでした。各州で継続的に行われていた世論調査の結果は、終始ほぼクリントン氏がリード。アメリカの政治専門サイトの「リアル・クリア・ポリティックス」の投票日直前の調査でも、全米支持率の平均で民主党のクリントン氏が共和党のトランプ氏を２・９ポイント差で上回っていました。

ではなぜ、世論調査と選挙結果が大きく違ったのでしょうか。

トランプ氏は、大統領に当選が決まった直後の勝利集会でこう演説しました。「これはただの選挙運動ではない。数百万の働く男女で成り立っている偉大なムーブメントだった」

全米50州と首都ワシントンD.C.の地図の上に、２人の候補それぞれが勝利した州を色分けしてみると結果がよくわかります。トランプ氏は、アメリカの北東部から中西部にまたがる「ラストベルト(さびついた工業地帯)」と呼ばれる地域をほぼ総なめにしました。

この地域は、鉄鋼業や自動車産業などの生産拠点が集中していますが、経済のグローバル化にともなって製造業が衰退し、これまでの政治に不満を持つ白人労働者が多いとされてきました。しかし、伝統的には労働組合を支持基盤とする民主党が強い地域とされ、事前の世論調査では、ほぼ一貫してクリントン氏が優勢でした。

トランプ氏は選挙戦で、「アメリカファースト(米国第一)」主義を宣言。「経済成長率を2倍にする。世界最強の国をつくる」「我々は雇用を取り戻す」と演説で繰り返し訴えるとともに、直接、有権者に向けて「ツイッター」で強い言葉での発信を続けました。

こうした訴えが、これまでの政治に不満を持ちながらも、選挙では投票所に行こうとしなかった白人労働者層の心をとらえ、トランプ氏の勝利という選挙結果につながったのではないかと言われています。

こうした世論調査には現れない「隠れトランプ支持者」が「全米に500万人はいる」とウォール・ストリート・ジャーナル紙は分析しています。

このような人々の投票行動の変化を後押ししたのが、「フェイスブック」や「ツイッター」などのソーシャルメディアだと言われています。

新聞などのマスメディアが、政治家の発言の真偽を検証する「ファクト・チェック」報道を実施していますが、アメリカで行われている「ポリティファクト」によると、トランプ氏の選挙中の発言の69％が「ほぼ間違い」から「大うそ」に分類されています。

にもかかわらず、アメリカのエマーソン大学が２０１７年2月に公表した調査結果によると、「マスメディアを信用する」が39％なのに対し、「トランプ政権を信用する」が49％となっており、トランプ政権への信用のほうが10ポイント高くなっています。

そこにはトランプ氏が、新聞やテレビなどのマスメディアを名指しで「にせニュース機関」と痛烈に批判する一方で、みずからソーシャルメディアを使って自己の主張を一方的に展開するという、対立構造を際立たせる手法が功を奏し、これまで投票行動でなかなか動かなかった人々の心をとらえたのではないかと思います。

同時に、トランプ氏の登場で、事実でない情報や、これまでであれば、なかなか許容されなかった過激な主張であっても、ソーシャルメディアを通じて、同じ考えを共有する仲間を引き寄せ、一層強固なものとなり、たとえ「フェイクニュース」であっても虚偽としてではなく、事実として受け入れやすくなっていることが考えられます。

こうして、アメリカでは、情報源としてのソーシャルメディアの台頭とともに、マスメディアへの不信感が広がっているのではないかと思います。

アメリカの大統領選挙の仕組みは、有権者が正・副大統領候補に投票しますが、人口に応じて各州に割り当てられた「選挙人」が大統領を選ぶという間接選挙です。そして、2つの州を除いて、1票でも多くの票を獲得した候補がその州に割り当てられた選挙人をすべて獲得する「勝者総取り」方式となっています。

そのため、得票数では民主党のクリントン候補が、6252万1739票、共和党のトランプ候補が6119万5258票と、クリントン氏が130万票以上、上回っていますが、選挙人の獲得数ではトランプ氏306人、クリントン氏232人となり、トランプ氏の当選が決まりました。

このような投票行動の大きな変化とアメリカ大統領選挙特有の選挙制度の仕組み、さらに大統領対マスメディアの対立構図もあって、いまアメリカの世論は、トランプ支持と反トランプに大きく二つに分断されています。

トランプ大統領の登場で、アメリカ社会全体が大きく変質しています。自由と平等を掲げ、人種・宗教・文化を超えて建国されたアメリカ合衆国の理念が揺らぎ、〝多様な意見が民主主義の源泉〟というこれまでの社会規範の変質が浮かび上がっています。

こうした時代状況だからこそ、私たちは、何からどうニュースや情報を得て、その中から真実に迫る正確な情報を読み解き、みずから冷静に考える姿勢が、いまこそ必要ではないでしょうか。

## ◆なぜ〝本当の事実〟を知らなければならないか

アメリカ大統領選挙と「フェイクニュース」についてみてきましたが、「フェイクニュース」は、２０１７年のフランス大統領選挙や韓国の大統領選挙、そして日本の衆議院議員選挙でも流れました。いまや世界中に広がっています。

さらに、2016年の熊本地震の時をはじめ、さまざまな「デマ情報」もインターネット上で拡散しています。

では原点に戻って考えてみましょう。なぜ、「フェイクニュース」が大きな問題なのでしょうか。なぜ〝本当の事実〟を知らなければならないのでしょうか。

いまトランプ大統領をはじめ、国の最高責任者が「ツイッター」などのソーシャルメディアを多用しています。時として、外交や安全保障面で緊張関係にある国に対しても、〝つぶやき〟を発信することがあります。

もし、その相手国が〝つぶやき〟に反応して、すぐに対抗手段を取ったら戦争にもつながりかねません。北朝鮮とアメリカの間で、緊張状態が続いています。

さらにもし、誰かに大統領のアカウントを乗っ取られて、誰かが大統領になりすまし、興味本位で「好戦的なフェイクニュース」を発信したらどうなるでしょうか。相手の国がその内容の真偽も確認せず行動を起こしたらどうなるでしょうか。

1つのツイートが戦争につながってしまう危険性があります。最悪の場合、核戦争にもつながりかねず、多くの人命が失われてしまうこともないとは言えません。

これまでも、ツイートがきっかけとなり、東ヨーロッパの国の間や、イスラエルとパキスタンの間で、外交関係を悪化させかねない事態も起きています。

2016年4月に起こった熊本地震の直後、ライオンが道路に立っている画像とともに、「おいふざけんな、地震のせいでうちの近くの動物園からライオンが放たれたんだが　熊本」という文章が〝ツイッター〟に投稿されました。

このツイートを読んだ人々は、「友人や知り合いに危険があってはいけない」と思ってすぐに知人などに拡散した人が多く、リツーイトは2万回を超えました。

このにせの情報は、神奈川県の20歳の男が投稿したものだとわかり、男は動物園の業務を妨害したとして偽計業務妨害《ぎけいぎょうむぼうがい》の疑いで逮捕され、「悪ふざけでやった」と容疑を認めました。その後、この男は不起訴処分となりました。

熊本地震ではこのほかにも、「川内《せんだい》原発で火災が発生した」「熊本城の石垣が崩れて下敷きになった」などという悪質なデマまでもが〝ツイッター〟で拡散しました。

余震が続き、人々が恐怖におびえながら避難している時に、こうした〝デマ情報の発信〟が許されるでしょうか。

こうした時こそ、住民の安全、安心のためにきちんと確認された正確な情報が不可欠です。テレビをはじめマスメディアが果たすべき役割です。

災害や事故が起きた直後は現場で何が起こっているのか、さまざまな情報が錯綜《さくそう》し、正確な情報がなかなかつかめません。

そうした中で、現場にいた人が、スマートフォンで映像を撮り、インターネットで投稿してくる画像が現場の状況を知る一番早い手がかりになることが多くなっています。しかし、画像だから本当の現場の映像かと思うと、熊本地震の際の〝ライオン〟のようなデマ情報もありえます。

ですから、こうした情報をスマートフォンで目にした時は少し落ち着いて、信頼できるマスメディアからの情報や、国や自治体などの公的な情報などを集め、全体の情報を見比べて、みずから情報を読み解く力が何より大切になるわけです。

ここで「フェイクニュース」について、整理しておきたいと思います。私は「フェイクニュース」には３つのタイプがあるように思います。

①　自分の主張を正当化するために「フェイクニュース」を利用するタイプ
②　人々の話題になりそうな「フェイクニュース」を流し、面白がる愉快犯タイプ
③　「フェイクニュース」を作って金もうけをしようとするタイプ

こうした動きは、インターネットが出現する以前から社会の中にありました。しかし、インターネットというツールが出現することにより、誰もがいつでも自由に発信できるようになりました。その結果、社会的に有益な情報とともに、「フェイクニュース」も瞬時に世界中を駆け巡り、政治や経済、社会のあり方や国際関係にまで影響を及ぼしかねない状況が生まれています。

人々が議論の出発点となる〝本当の事実〟を共有し、問題の解決に向けて、多様な意見を

自由に出し合いながら合意形成を進めていく。こうしたことが、民主主義社会にとって基本だと思います。

すべては、事実、本当の情報から始まる。

私のテレビ報道での経験を通して、事実を集め、確認していくことの難しさや、事実を伝えることの大切な意味を、これからお話ししていきたいと思います。

# 第2章

# 事実をどう集め、伝えるか

## ——私がテレビでめざしたこと——

## ◆テレビをめざす動機

時代はおよそ50年前にさかのぼります。

1960年代から70年代の初めにかけて、全国の大学で学園紛争の嵐が吹き荒れました。太平洋戦争の敗戦後、ようやく生活が落ち着き始め、経済の復興が本格化しようとしていた時代に、戦後のベビーブームで数多くの赤ちゃんが生まれた〝団塊《だんかい》の世代〟が高校生や大学生となりました。彼らの中から、社会のひずみや矛盾に立ち向かおうと、日本の革命を旗印《はたじるし》に掲げた〝新左翼運動〟が台頭しました。

全国の大学では、頭にセクト(党派)ごとの色に塗られたヘルメットをかぶり、〝ゲバ棒〟と呼ばれた角材をもった学生が、机やいすを積み上げて教室や校舎を封鎖。大学のキャンパスは革命を叫ぶ〝立て看板〟がびっしりと並び、喧噪《けんそう》の中にありました。

しかし、1968年の東京大学安田講堂をめぐる学生と警察機動隊との攻防が終わり、1

年以内に正常化できない大学は廃校にすることができるという大学臨時措置法が施行されると、しだいに大学紛争は鎮静化していきました。

そうした中で、「日本列島改造論」を掲げて人間ブルドーザーと言われた田中角栄内閣総理大臣が登場した1971年。私は大学生となりました。その頃の早稲田大学はまだ大学紛争の余韻が残っていて、赤や青色などのヘルメットをかぶり、ゲバ棒をもった学生同士が目の前で殴り合う光景を何度か目撃しました。

そして、授業料値上げ反対を掲げた学生たちが教室をロックアウトし、授業もほとんど行われず、試験も大学4年間で1回だけという状況でした。そうした行動に参加しない、私たちは〝ノンポリ(ノン・ポリティカル)学生〟と呼ばれ、大学に行ってはロックアウトされた教室を横目にみながら、集まってきたみんなで長い時間、喫茶店でおしゃべりしたりするというような毎日でした。

そんな日々。ラジオの深夜放送をよく聞いていました。TBSラジオの〝パック・イン・ミュージック〟という番組が好きで、中でも土曜日の深夜(日曜日未明)に、作家の永六輔さんがパーソナリティを担当していて、毎週毎週、全国各地をくまなく歩いて、出会った町や人々の話を聞かせてくれました。海辺の町で出会ったおばあちゃん、伝統工芸を守る職人さん、特産品を栽培している農家のおじさん……。その一つ一つの話の中身が具体的で、想像力をかきたてます。ラジオなのに、地域の風景と人々の表情が目の前にいきいきと映像として浮かび上がってくるようでした。

テレビでも「遠くへ行きたい」という番組が始まっていました。当時は、いまのJRの前身である日本国有鉄道(国鉄)が、〝ディスカバー・ジャパン〟というキャンペーンを展開していて、山口百恵さんの「いい日旅立ち」という歌のヒットとともに、地方を旅するブームを作っていました。

私もラジオやテレビで伝えられる世界を現地に行って、実体験してみたい。「知らない街を歩いてみたい」と思いたちました。これが、放送と私の人生との初めての出会いです。

## ◆現地に行って実際に体感する

アルバイトでお金を稼ぎ、荷物を詰め込んだリュックサックを担いで、各地に出かけました。当時は、その後ろ姿がカニに似ているということで〝カニ族〟と呼ばれていました。「〇〇日間、指定区域内は普通列車に乗り放題」という国鉄均一周遊券と、路線バスとを乗り継いで、町から町へ、風景と人々に出会う旅です。

初めて一人旅に出たのは北陸、能登でした。石川県の七尾という駅で列車を降り、町を歩いていると向こうから近づいて来るサイクリングの若者がいます。気が付いてみると実は、大学で何度か出会ったことのある同級生でした。大学でもめったに会わないのに、能登の小さな街角で出会うという、こんな偶然があるのかと驚きました。

彼も東京にいてもしかたがないと思い、サイクリングで一人旅に出たそうです。これも何かの縁だからといって、その晩は二人で能登の海辺にある小さな小学校の校庭の端にテントを張って過ごしました。降り注ぐような夜空の星の多さと、一晩中聞こえる波の音に感激したことをいまも鮮明に覚えています。

こうして、スタートした私の一人旅も、大学4年間で北は北海道の礼文《れぶん》島から南は鹿児島県の大隅《おおすみ》半島まで列島各地をまわることになりました。予定を立てずのぶらり旅。北海道・知床《しれとこ》半島の壮大な自然、切り立った崖が続く東北・三陸海岸、想像していたよりも小さな日光東照宮の眠り猫、広島の原爆ドームと原爆資料館で感じた衝撃、人々がさまざまな思いを抱きながら歩く四国の遍路《へんろ》道、噴気を吹き上げる九州・阿蘇山の火口の恐ろしさ……、現地で実際に見て触れて、初めて体感できるものばかりでした。

ユースホステルや駅はもとより、その日初めて出会った人の家に泊めてもらったこともありました。

全国各地を歩きながら、自分で体感したさまざまな風景や、生活、文化、食べ物、そして何よりも人々との数々の出会い。いつしか、地域で住む人々のために私にできることはないか、そうした公共的な仕事に就きたいと考え始めるようになりました。

そこで、全国各地に放送局があり、全国に転勤できるＮＨＫに入って、地域で生活しながら、地域の息づかいが感じられるような番組を作りたいと思い、番組ディレクターを志望しました。

　ジャーナリストになって社会正義を実現したいと考えて放送業界をめざす人々が多い中で、私はジャーナリスト志望ではなく、「知らない土地で、なんでもみてやろう」という好奇心からの志望動機でした。

## ◆ネタ探しの日々

　1975年、NHKに入局して初めて赴任したのは、四国の徳島放送局でした。放送は一人では出せません。いろいろな職種の人々が一緒になって、チームワークで仕事をして放送を支えています。当時の徳島放送局はおよそ100人の職員で仕事を進めていました。局長のもと、放送部は記者、アナウンサー、映像取材、映像編集、番組ディレクター、そして編成。技術部は放送番組を送出する運行技術、番組を制作する番組技術、放送電波を視聴者に確実に届ける業務を担う送受信技術。営業部は受信料を集める業務などを担当。さらに放送局全体の人事や経理、総務などを担当する副局長室があり、それぞれが連携して、徳島県内はもとより、四国全体、そして全国へ、さらに国際放送を通じて世界へと放送を出していきます。

東京や大阪などと規模は大きく違っても、1つの放送局で公共放送のほとんどすべての機能を担う形で地域放送局が運営されていました。

私が担当することになったディレクターをNHKではPDと呼びます。プログラム・ディレクター、つまり番組ディレクターのことで、1つの番組の企画から、取材、制作、放送に至るまでのすべての過程に関わりながら、視聴者のみなさんのニーズや期待にこたえる放送番組を作り上げる仕事です。

当時、徳島放送局の制作グループは、副部長、デスクとPD6人の計8人体制で、毎朝7時台に放送する地域向けの15分番組や、週1回金曜日夜に放送する30分番組などを作る業務を中心に、さらに全国に発信する番組などを担当していました。

地域放送局のPDは特定の番組ジャンルを持つのではなく、報道や地域情報はもとより、高校野球の中継から「のど自慢」まで、地域が舞台となるすべての番組を担当しています。

ＰＤ1年生。まず、何を放送するのか、ネタ探しから始まります。初めての土地、初めての仕事で、どうしてよいかわかりません。先輩たちは〝ネタの発掘はＰＤの命〟だからといって、誰も探し方を教えてくれません。

のちになってわかったことですが、探し方を教えないのは不親切で冷たいということではなくて、ＰＤ一人一人の個性も違い、感性や興味、関心、経験が違うのだから、早く自分の探し方を見つけるようにとの〝親心からだ〟と聞きましたが、当時はそんな余裕はありません。

しかたなく、資料室にこもって地元の徳島新聞と全国紙の県内版を隅から隅までくまなく読むことから始めました。そして気になった記事については、番組にできないかと思い、当事者や関係者を探して電話で取材します。

いまだったら、インターネットでキーワード検索すれば、さまざまな情報が簡単に入手できます。もちろん、その中にはにせの情報である危険性もありますが。

自分で取材してみるといろいろなことがわかりました。新聞記事はとても面白かったのに、直接取材して聞いてみると事情が少し違うというもの、NHKの取材というと相手が積極的に売り込んでくるもの、逆に、テレビの取材は受けたくないというものなど、さまざまなことがあると実感しました。

視聴者のみなさんが、いま何を知りたいのか、何を伝えるべきなのか、伝えるべき本当の情報って何なのか。悩みながらも、新人といえどもプロの端くれで、1週間半から2週間の期間の間に15分番組を1本作らなければなりません。

まずはとにかく、毎週開かれる提案会議に企画を出さなければならないと思い、生煮えの番組提案を〝数の勝負〟とばかりたくさん出しました。ですが、「このネタは2年前にやっている」「なぜいま放送する意味があるのか」「ねらいがわからない」などと、ことごとく先輩に却下され、「はい、来週また」という事態が続きました。提案書が次々にゴミ箱行きになってしまいました。

番組提案というのは、「視聴者のみなさんに伝えたいねらい」をもとに、取材する事実、いつ(When)、どこで(Where)、誰が(Who)、何を(What)、なぜ(Why)という5つの

Wと、どのように(How)という1つのHが不可欠で、さらに「なぜいま放送するのか」「何が新しいのか」、そして、「誰が出演者にふさわしいのか」「どんな形式で番組をつくるのか」などの要素が必要です。

## ◆初めての番組制作

資料室にこもっていてもなかなか進まないので、街に出てネタ探しを始めました。手がかりは、大学のゼミの論文で取り上げ、フィールドワーク研究を経験したことがある「住民運動」です。

私がＮＨＫに入った１９７５年頃の日本は、高度経済成長と田中角栄総理大臣の「日本列島改造論」を受けて、各地で開発ラッシュが続いていました。それは同時に、自然破壊や環境問題、住民の健康被害などさまざまな問題を引き起こし、公害問題がクローズアップされていました。

住民運動が全国に広がり、裁判に訴えるケースも増加していました。その一つ、名古屋の新幹線公害反対の住民運動を、大学のゼミ論文に取り上げました。

「スピードか、人命尊重か」という住民の問いかけと、新幹線がもたらす移動時間の短縮効果という「公共の利益」とのバランスをどう取り、解決していくべきなのかを探ることがテーマでした。

名古屋市南部の東海道新幹線沿いの住宅では、高架上の新幹線が高速で通るたびに、1日230回以上繰り返し起こる騒音や振動に悩まされ、寝られないなどの住民の健康被害の訴えが相次ぎました。そして住民575人が日本国有鉄道(国鉄)を相手に、新幹線の一定の数値以上の騒音や振動の差し止めなどを求めて訴訟を起こしていました。

被告の国鉄は、新幹線が高い公益性を有しており、減速による騒音・振動対策を実施した場合は、他の区間でも減速が求められ、社会経済に重大な結果が及ぶとの主張を展開していました。

私は、新幹線は使わず、名古屋行きの夜行バスで何度も現地に向かいました。沿線住民の家に泊めてもらって、新幹線が通過するたびに「グァーン・ゴー・ガタガタ」と繰り返し起こる騒音や振動を実際に経験しました。そして住民の眠れないなどの健康被害の実態や主張について具体的に聞き取るとともに、国鉄をはじめ、名古屋市など多くの関係者に話を聞き、どう問題を解決していったら良いかを考え続けました。

いま私の手元には1冊の黄ばんだファイルが残されています。１２０ページにまとめた卒業論文です。名古屋の新幹線公害反対住民運動の経緯や現状、課題、そして、それぞれの立場の意見を記述した上での結論は、「住民運動を考えるというテーマは、私にとっていささか大き過ぎたようである。舌足らずの部分を補う作業を進めていきたい」と結んでいました。公害問題をどう解決していくか、学生の私にはお手上げの大きなテーマでした。

マスメディア、テレビの仕事に携わることになった私は、こうした住民と公共事業の間で起こる問題にどう取り組めばよいのか。

私が住み始めたアパートから見える、完成間近の大きな橋に気が付きました。徳島港をまたぐ末広大橋です。こうした大きな公共事業は地域の住民に何をもたらしているのか、市内の各所で取材を始めました。

　橋の出入口にあたる地域では、交通渋滞や騒音問題、とりわけ、通学路での小学生の交通事故を心配する住民の声や自治会の意見がありました。また、そもそも、市内の交通渋滞緩和を目的に作られたこの橋が有料道路のため、毎日お金を払って利用する人がどれだけいるのかという事業の有効性を問う意見も聞かれました。

　こうして集めた声を、課題ごとに整理して、スタジオでアナウンサーが行政の責任者に直接ぶつけながら、問題の解決策を探っていくという番組提案が通り、制作を進めました。


　当時はいまのように簡単に動画が撮影できるビデオカメラもスマートフォンもありません。取材用のカメラは16ミリフイルムで撮影するムービー機材で、フイルムの値段も高く、カメラの台数も限られていてなかなか使えません。そのため、予算も限られている地域放送では、PD1人で、「デンスケ」と呼ばれていた重いオープンリールのテープレコーダーを担いで行ってインタビューをしながら、その合間にカメラでスチール写真を撮りました。

　局に戻り、インタビューのどの部分を紹介するかを考え、自分で、録音してきた6ミリ幅の音声テープをはさみで切りながら、必要な部分を白いテープでつなぎ編集作業を進めていきます。映像は、カメラ店でプリントアウトされたＬ判の大きさのスチール写真を使って、順番通りに並べて現場の映像を作っていくというすべてが手作りの作業でした。

取材をまとめる段階で、自分より15年先輩のデスクから、立て続けに事実の確認を求められました。「この意見は、誰が言っているのか？」「どういう職業でどんな立場の人か？」「いわゆる街で聞いたさまざまな声の一つなのか、それとも組織のリーダーの意見なのか？」「同じような意見が他にどのくらいあるのか？」「逆の立場の意見はないのか？」「児童の通学時間と交通量など、裏付けとなるような具体的な資料やデータはあるのか？」などなどです。

そうした事実確認によって、伝えるコメントが変わってきます。たとえば、主語の次を「は」と書くのか、「が」なのか、「も」なのかなどの違いです。「徳島県は」と言えば、客観的な表現になります。「徳島県が」とすれば、徳島県の主体的な意思が見えてきます。「徳島県も」と言えば、他にも同様な事例があり、それはどこなのか、などの事実確認が必要です。

私は一つ一つの答えに窮《きゅう》しながらも、「放送は、何よりも事実の確認から始まる」ということを、最初に制作した番組から、徹底的に教え込まれました。

こうして、テレビリポート「どうなる末広有料道路」という番組が、1975年7月16日に放送されました。私が徳島に赴任して、1か月半たった時でした。

## ◆初めての災害報道現場

1976年9月、各地に記録的な豪雨をもたらした台風17号が日本列島を襲いました。台風の接近前から豪雨が続き、9月12日、岐阜県南部の長良川《ながら》で堤防が決壊して、安八町《あんぱち》など2つの町のほぼ全域を濁流《だくりゅう》が飲み込み、ほとんどの家が床上浸水するなどの大きな被害が出ました。「安八豪雨水害」とも呼ばれています。

その頃、徳島でも連日ゲリラ豪雨が続き、徳島市をはじめ吉野川沿いの各地で大きな豪雨被害が出ていました。さらに台風17号が北上するのにともなって風雨が強くなり、徳島放送局前からの中継をまじえて、一晩中、台風情報の放送を続けていました。

朝になって台風がようやく通り過ぎ、風雨がおさまり、少し落ち着きかけた9月13日の午後、警察から一報が入りました。「木頭《きとう》村で山崩れ、6人が行方不明の模様」

すぐに、記者とカメラマン、そしてPDの私の3人に、ニュースカーで現場へ向かえという指示が出ました。当時は、放送局のある徳島市から高知県境の徳島県木頭村(現在は那賀《なか》町の一部)までは、通常でも車で5時間くらいかかりました。しかし、台風の被害で途中の道路が随所で寸断されてしまったため、現場になかなかたどり着けません。

道路が流されている地点もあり、ここから先はニュースカーでの移動が困難だとわかり、わずかに残された道を歩いて渡って、その先にいた人に頼み込み、車でさらに先まで乗せていってもらうなどを繰り返しましたが、すでに日没を過ぎ、あたりは真っ暗になっていました。

今夜これ以上進むのは危険だとの判断から、夜明けまで宿で仮眠することになりました。

翌朝は台風一過の青空でしたが、初めての災害報道現場で何をどうしたらいいのか不安でいっぱいでした。地元の人々に協力してもらって、車を乗り継ぎ、ようやく現場に到着したのが午前7時頃でした。

現場は、異様なまでに何も音がなく静まりかえり、土砂のにおいと、杉の香りがたちこめていました。上を見ると、山の上の方から谷に沿って700メートルあまりにわたって崩落があり、大量の土砂が押し流されてふもとの方で広がり、山のように積もっていました。大量の土砂は、山のふもとにあった2軒の農家と林道工事のための宿舎を飲み込み、6人が行方不明になっていました。数日後になって、6人全員の死亡が確認されました。

徳島県木頭村は、「木頭杉」と呼ばれる杉の名産地で、1年を通して雨が多く降り、杉の生育が良いとされる地域です。しかし、この時は、災害が起こる前6日間の雨量が1900ミリを超え、全国で最も多い降水量を記録する豪雨となっていました。

とにかく直近のニュース用に、現場からの一報を電話で放送局に伝えました。しかし、夕方のニュースに映像を間に合わせるためには、帰りの時間とフイルムを現像し、編集する時間を逆算すると、あと2時間あまりしかありません。

記者が警察や消防、村役場から現場や行方不明者の捜索状況などを取材し、カメラマンが現場と行方不明者の捜索状況を映像取材。私はテープレコーダーを担ぎ、発生当時近くにいた人々を探し出して、災害が起きた時のようすや行方不明になっている人々などについてインタビューをしながら、情報を集めました。

「崩れる直前にゴォーという山津波のような音が聞こえた」「ドーンという大きな音がしたと思った途端、あっという間に土砂が流れ込んできた」

初めての災害現場に立ってわかったことは、現場では個々の「点の情報」しかつかめず、災害の全体像がなかなかわからないということです。

取材時間がきわめて限られている中で、何を優先して取材するのか。現場で何が起こったのか、被害は防げなかったのか。現場の状況が刻々と変わる中で、そのつど事実確認を続けながら、現場と被害の全貌を伝えようとすることの難しさを痛感しました。

## ◆取材する側と取材される側

みなさんは「なごり雪」という曲をご存じですか。フォークシンガーのイルカさんがカバー曲として歌ってヒットしました。私はこの曲を聞くたびに、いまでもあるコンサートを思い出します。

1976年、徳島市で〝ザ・レインボーズ〟というグループのコンサートが開かれました。メンバーは、10代の少年6人です。楽器の演奏はかなりスローテンポでしたが、妙に心に響いてきます。実は6人とも、筋ジストロフィーという難病とたたかう若者でした。

筋ジストロフィーというのは、遺伝子の変異から起こる難病と言われています。2歳から5歳頃に発症することが多く、しだいに筋力低下と運動機能障害が進み、当時は心不全や呼吸不全のために20歳前後で亡くなってしまうと言われていました。現在でも、まだ根本的な治療法が確立していない難病です。

6人の中には、握力がわずか1キログラム以下にまで低下してしまったメンバーもいて、彼らの病状が進んでいるために、〝ザ・レインボーズ　コンサート〟も1年後の次回が最後になると知りました。

あすへの不安を抱えながらも、一生懸命に演奏している6人の若者たちの日常と思いを、なんとしても最後のコンサートの機会に番組で描いて、多くの人々に伝えたいと思いました。

しかし、いきなり取材させてほしいというのは、はばかられました。彼らのことを何も知らない自分に気が付いたからです。そこでまずは、一人のボランティアとして活動しながら、彼らの日常をきちんと知りたいと思いました。

徳島には、筋ジストロフィーの治療法を見つけるための研究所の設立運動を進めている、医師の近藤文雄氏が代表を務める「太陽と緑の会」が精力的な活動を展開していました。私もその一人に加わり、休みの日にはボランティアとして、彼らが生活する国立徳島療養所(現在の独立行政法人　国立病院機構　徳島病院)に通い始めました。

彼らは闘病生活を続けながら、筋力を1日でも長く保とうと、毎日、激しい機能訓練を続けていました。そして、その機能訓練の一つとしてフォークソングや軽音楽を演奏する楽器を学んでいたわけです。機能訓練が終わると、いつもの明るい少年の顔に戻ります。

通っているうちに、「自分たちは特別な人間に見られたくない」という彼らの共通した強い思いを実感しました。中には療養所を出てアパートで自立したいという若者がいることも知りました。

ボランティアを始めて半年あまり過ぎた頃、6人に私がNHKの番組ディレクターであることを初めて明かしました。ドキュメンタリー番組を企画し、6人のいまと思いをきちんと伝えたい。そのためにはみんなと話し合いながら一緒に番組を作っていきたいと話し、6人は賛同してくれました。取材者である自分と、取材される6人の若者が同じ目線に立って、地域の視聴者のみなさんに問いかけたいという思いでした。

取材を始めた頃、東京のNHKから電話がありました。全国放送の「若者たちはいま」という番組で、ザ・レインボーズのコンサートを軸に彼らの日々を描く番組を制作するため、東京から取材スタッフが入るという連絡でした。

結果として、同じテーマでNHKから2つの取材クルーが入ることになってしまいました。私はザ・レインボーズの6人と一緒に、同じ目線に立ってドキュメントしていきます。一方で、東京からの取材スタッフは、リポーターに女優の檀《だん》ふみさんを起用して番組を作っていきます。

1977年5月5日、〝ザ・レインボーズ　さよならコンサート〟が開かれました。集まった1000人の若者たちに向かってリーダーは、「悲哀な感じで僕たちを見つめないでほしい。リラックスしてやりますから」とあいさつして、コンサートは始まりました。

コンサートが終わって、檀ふみさんがインタビューを始めると、彼らは、はにかみながらも、うれしそうに話をします。テレビに出ている女優さんが、自分たちの取材のためにいま目の前に来ているという感動がありました。

私が制作した30分の番組、チャンネル四国「俺たちもこの世界に」は、1977年5月19日に四国地方向けに放送されました。そして、東京の取材チームが制作し、檀ふみさんがリポートした全国向け番組「若者たちはいま　ラスト・コンサート」は8月31日に放送されました。

2つの番組を、私は視聴者として冷静に見て気が付きました。取材者と取材される側の思いを一つにしようとした私の番組は、PDとしての力量不足もあって、彼らの思いをなかなかストレートに表現できていませんでした。一方で、取材者に徹した「若者たちはいま」は、感動的な番組に仕上がっていました。

この経験を通して、取材する側と取材される側の関係はどうあるべきか。やはり、一定の距離感が必要だったのではないのか。私は番組制作者としても、ボランティアとしても中途半端だったのではないかと強く感じました。

しかし一方で、取材される側の立場に立って思いや考え方をきちっととらえていないと、伝えるべき方向を間違ってしまいます。その上で、最終的に制作する段階で人々に伝わるためにはどうしたら良いのか、もう一度、全体を俯瞰《ふかん》して冷静に見る目が必要だと実感しました。

取材する側と取材される側。どんな距離感で、どんな番組に結実させるのか、答えは一つではない難しい問題だと思いました。

## ◆「徳島ラジオ商殺し」えん罪事件の取材

１９５３年11月の早朝、徳島市のラジオ商（現在でいう電器店）の店舗兼自宅で50歳の店主が殺され、内縁の妻だった当時43歳の冨士茂子さんも負傷するという事件が起こりました。警察は現場の状況などから、外部から犯人が侵入したものとみて捜査を始め、翌年、徳島市内の暴力団員２人を有力な容疑者として逮捕しました。しかし、検察は証拠不十分だとして不起訴処分としました。

その後、捜査の主導権を検察が取るようになり、内部犯行説に切り替わっていきました。徳島地方検察庁はラジオ店に住み込みで働いていた未成年の店員２人を逮捕し、１人は45日間、もう１人は27日間という長期にわたって身柄を拘束して取り調べた結果、「奥さんとご主人の争うのが見えた」などの供述を得て、１９５４年８月、冨士茂子さんを逮捕しました。

冨士さんは容疑を強く否認し続けましたが、1審の徳島地方裁判所は、冨士さんに懲役13年の有罪判決を言い渡しました。2審の高松高等裁判所も控訴を棄却。冨士さんは最高裁判所に上告しましたが、裁判費用が続かないなどの理由から上告を取り下げ、懲役13年の判決が確定しました。

冨士さんが上告を取り下げ、刑が確定したその日、静岡県の沼津警察署に真犯人だと名乗る男が自首してきました。しかし、徳島地方検察庁は架空の供述だとして不起訴にしました。

その後まもなく、有罪判決の根拠とされていた2人の店員が、「検事に強要されて偽証した」ことを告白しました。冨士さんは模範囚として服役しながら、これらの新事実を訴えて再審請求を求め続けました。しかし4回にわたる再審請求は、いずれも棄却されていました。

この事件をテーマに、瀬戸内寂聴(瀬戸内晴美)さんや、開高健さんらが本を出版。さらに映画化もされるなど冨士さんへの支援の輪が広がっていきました。

こうした中で、1978年1月31日、「徳島ラジオ商殺し事件」の第5次再審請求が行われることになりました。私はこれを機に、冨士さんと関係者の事件発生から25年の歳月をドキュメントしたいという思いに駆られました。

その頃、冨士さんは徳島市内の事務所で働いていました。初めてお会いした時の冨士さんは、おだやかなおばあちゃんという印象でした。しかし、事件のことを話し始めたとたん、顔が引き締まり、厳しい表情に変わります。冨士さんは、事件から25年、どんな思いで人生を歩んできたのか……。

数日後、じっくり話を聞きました。「誰がどんなに言おうと私は夫を殺しとらん」「私はやっていませんよ。やるわけがないでしょう。私は妻ですよ」「これまで本当のことを何度言っても信じてもらえなかった」「私の人生は、無罪を勝ち取るだけ。真実は、いつかは明らかになると信じている。私は負けませんよ」

冨士さんは、１９６６年まで12年、服役しました。その間、冨士さんは悔やんでいたことがあると話しました。「なんであんなことを言ってしまったのだろうか。やっていないのに」

冨士さんは、取り調べに対して一貫して容疑を否認していましたが、長期にわたって勾留され、厳しい取り調べが続く中、一度だけ「やりました」と供述。このことをずっと悔やんでいました。

模範囚として服役しながら、再審を求め続けましたが、事態は動きませんでした。気にかかるのは娘のこと。1日でも早く刑務所を出て、無実を訴えたい。

私は、冨士さんのこうした思いを、入所していた和歌山刑務所の塀と空で映像化しました。

冨士さんの有罪の決め手とされ、のちに「検察に強要されて偽証した」と告白した当時の店員の1人は、大阪に住んでいました。記者が何度も取材交渉を重ね、ようやく自宅で会えることになりました。

元店員は団地の一室に住んでいました。部屋の中にはほとんどものがありません。厳しい生活の状況が見えてきます。

元店員は家の人に「徳島から来たのだから酒を買ってこい」と言って外出させ、しばらくして当時のことをぽつりぽつり語り始めました。

長期にわたる取り調べの厳しさ。頭から奥さんがやったんだろうという検事の追及。言えば早くここから出られると迫られた。何を言っても聞いてくれなかった。しかたなく「争う姿をみた」と事実とは違うことを言ってしまった。10代の自分にはどうすることもできなかった。奥さんにすまないと思っている。

その後は、徳島にはいられなくて大阪に出てきた。冨士さんの刑が確定した直後、偽証だったと告白したが、それでも再審では聞き入れてもらえなかった。

元店員は、そう語りました。

番組では冨士さんや元店員などの25年を軸にして、５回目の再審に向けた最新の動きをまとめました。番組の最後で、私にはどうしても伝えたい映像イメージがありました。

「25年前に事件のあった自宅の前を、冨士さんが歩く映像を撮らせてほしい」

私の申し出に、冨士さんは「いつも通っているんですから」と快諾してくれました。しかし、取材の前日、あすの取材の約束は延期してほしいと連絡がありました。

「私がもし雪で転んで死んでしまったら、無罪が証明できなくなりますから」

その時、徳島にはめずらしくまとまった雪が降り、道路に積もっていました。

再審で無罪判決が確定した　Ⓒ時事

積雪がわずかになった数日後、正面をしっかり向いて、かつてあった自宅前を歩き続ける冨士さんの姿を長い映像でとらえました。

リポート四国「再審請求～徳島ラジオ商殺し事件～」は、1978年2月6日に放送されました。

翌年、再審請求が続く中で、冨士さんはがんのために亡くなりました。69歳でした。

その後、冨士さんの遺志は姉と弟が受け継ぎ、第6次の再審請求が行われた結果、全国初の死後再審が開始されました。

そして、元店員の証言は誘導尋問によって導き出された疑いが強いなどとして、徳島地方裁判所は、1985年7月、冨士茂子さんに「無罪判決」を下しました。冨士さんが亡くなってから6年後のことです。

生涯をかけて無実を訴え続けた冨士茂子さん。無罪が確定するまでに32年の歳月が流れました。

私の報道番組ディレクターとしての原点、徳島。こだわり続けたのは、あくまでも現場主義です。地域で暮らす人々の現場を訪ね歩き、寄り添って取材する。多様な生活、多様な生き方、多様な考え方があることを実感しました。同時に、取材する楽しさ、厳しさ、そして何よりも事実を見つめることの難しさを学びました。

「知らない土地で、なんでもみてやろう」ということから始まった私の徳島での４年間。当時、徳島県内にあった50市町村のすべてで番組を作ることができました。

## 第３章

# それはわずか
# 数行の情報から始まった

## ——緊急報道の舞台裏——

## ◆緊急報道とは

全国の視聴者のみなさんに瞬時に、同時に情報を届けることができるのがテレビの強みです。その最大の使命が、地震、噴火や、台風、豪雨などの災害や、大きな事件、事故などが起こった時に、人々の安全を守り、人々の安心のために行う緊急報道です。

「災害は進化する」と言われます。このところ、「過去最大」と言われるような大規模で激《げき》甚《じん》な災害が増えていると実感されているみなさんも多いのではないでしょうか。

緊急報道では、緊急ゆえに必ず「想定外」があります。報道の現場ではふだんから、緊急災害報道などに備えて訓練を続けていますが、いざ災害が発生すると、事前の想定通りの対応でうまくいくことはありません。災害は常に「新たな顔」で襲ってきます。

そのため、これまでに経験した一つ一つの緊急報道でうまくいかなかった点を教訓にして、次に生かす努力を常に続けていくことが、テレビの緊急報道にとって大事なことです。

すべては、わずか数行の情報から始まります。

## ◆1985年8月12日

この日、「19時ニュース」の放送直前に突然、「ジャンボ機が行方不明」という情報がニュースセンターに飛び込んできました。

総力体制で情報の確認を進め、「19時ニュース」で一報を伝えました。

「羽田空港から大阪伊丹空港に向かっていた日航ジャンボ機の機影がレーダーから消えた」

520人の乗客・乗員が亡くなった「日航ジャンボ機墜落事故」です。

NHKに入って10年目の私は、「ニュースセンター9時」というニュース番組の制作を担当しており、午後9時からの放送に向けて映像編集の作業に追われていました。

一報を受けて、ニュースセンターは大騒ぎになりました。私もニュースセンターの副調整室に走りました。

「あんな大きなジャンボ機がレーダーから消えるって本当か」

記者が日本航空はもとより、運輸省（現在の国土交通省）、防衛庁（現在の防衛省）、米軍、警察、消防など考えられるあらゆる関係機関に確認を急ぐとともに、ディレクターは羽田空港や大阪伊丹空港などの中継体制を手配し、緊急報道が始まりました。

放送では、字幕で一報を伝えたあと、「19時ニュース」の中で伝えましたが、一報の内容以上にほとんど情報がない状況でした。

19時30分からは予定通り、終戦関連のＮＨＫ特集「人間のこえ―日米独ソ・兵士たちの遺稿―」の放送に入りましたが、始まって20分で番組を打ち切り、緊急ニュースとなりました。

18時過ぎに羽田空港を飛び立った日本航空１２３便。５２４人の乗客・乗員が乗っているジャンボ機がどこで、どうなっているのか。正確な情報がなかなかつかめない中で、断片的なさまざまな情報が飛び交います。

「長野県警に長野・群馬県境で黒い煙を残して飛行機が消えたという情報が入った」「碓氷《うすい》

峠付近で大火事が起きているのを自衛隊機が目撃した」「長野県警に北相木《きたあいき》村のぶどう峠付近が墜落現場との情報が入った」「自衛隊のヘリコプターが炎と煙を確認した。山火事にはなっていない」などという情報源が明示された情報がありましたが、中には「ジャンボ機が静岡県浜松市沖の太平洋に不時着した」というような情報までも出始めました。こうして一晩中、現場が確認されず、さまざまな情報が錯綜《さくそう》を続けました。

こうした中、私はキャスターまわりを担当することになり、スタジオに入り、「ニュースセンター9時」の木村太郎キャスターの脇にすわりました。キャスターまわりというのは、番組を送出している副調整室からの指示を受け、次は何を伝えるかなど全体の進行をキャスターに伝える役割です。

夜9時をまわって、大阪伊丹空港から空港で待機している家族のようすを中継で伝えている途中のことでした。中継のアナウンサーがいま乗客・乗員の名簿が発表されたことを伝え、のちほど詳しくお伝えしますといってスタジオに戻そうとした時に、木村キャスターは副調整室からの指示を抑え、「どんなに時間がかかってもいいので、いま読んでください」といきなりアナウンサーに伝えました。

張り出された名簿は、カタカナ表記で524人あるはずです。アナウンサーは、「のちほどお伝えします」と言いましたが、木村キャスターは「いまは乗客名簿が一番大事な情報だ」として名簿を伝えることになりました。

乗客・乗員の命がかかり、正確な情報がつかめないあの状況の中で、何を優先して伝えていくのか、何がその時点で一番大事な情報かを、生放送中に瞬時に判断していく木村キャスターの力量を実感しました。

いまは個人情報保護の関係でなかなかすぐに乗客名簿が公表されることが難しくなっていると思いますが、当時は、乗客名簿を伝えることで、家族や知り合いが乗り合わせていないかを心配している人々への最優先の情報になるとともに、これまでにない524人という多くの人々が乗っているジャンボ機が消息を絶っていることの重大さを伝えることにつながりました。

翌朝4時30分過ぎになって、自衛隊機が群馬県上野村《うえの》の「御巣鷹《おすたか》の尾根」に墜落しているジャンボ機を発見しました。メディア各社は一斉に、カラマツが生い茂り、山道も途切れた険しい山に取材機材をかついで登り、現場へと急ぎました。

険しい山肌に機体の残骸がバラバラに散乱し、乗客、乗員全員が絶望とみられていた現場で、午前11時前になって生存者がいることがわかりました。すぐにヘリコプターで、４人の生存者の搬送が始まりました。

この時に、フジテレビは午前11時のニュースで生存者の救出の一部始終を現場から生中継しました。私は奇跡的な現場を見る思いで、この放送をニュースセンターで食い入るように見つめていました。しかし、これはＮＨＫの放送ではなかったのです。

実は、フジテレビは上空を飛行するヘリコプター経由で、現場の映像を東京に生中継で送る「ヘリスター」という機材を持って山に登り、現場に入っていました。

ところがＮＨＫを含めて他のテレビ各社は、ヘリスターを持って山に登るという発想がなかったため、カメラマンが現場で撮ったＶＴＲを、山から持って駆け下り、ようやく午後４時頃になって放送できたわけです。

５２０人が亡くなるという大事故の中で、奇跡的に助かった生存者の救助の模様を生放送で伝えられず、報道マンとして、とても悔しい思いでいっぱいでした。

この経験をバネにして、連日炎天下で、現場取材はもとより、遺族の方々の動きや、思い、そして亡くなった乗客の遺品や最後の言葉などを、ＮＨＫあげて総力戦で取材し、詳しく伝え続けました。同時になぜ事故が起こってしまったのか、原因は何かに焦点をあてて取材を進めました。

こうした中で、ＮＨＫの記者出身で評論家の柳田邦男さんから一つの情報がもたらされました。事故を起こしたジャンボ機は、１９７８年に大阪伊丹空港で「しりもち事故」を起こし、その後、アメリカのボーイング社が修理をしていたという情報でした。

夜の放送に向けて、「しりもち事故」について手分けをして取材を進め、事実を集めました。すると、しりもち事故の際に、機内の気圧を一定に保つために客室後部にある「圧力隔《かく》壁《へき》」の一部が壊れ、修理したことが浮かび上がってきました。そして、この事実をいち早く放送することができました。

事故から2年後の1987年6月19日、日航ジャンボ機墜落事故の原因を調べてきた「航空事故調査委員会」の報告書が公表されました。報告書の中で、しりもち事故の際の圧力隔壁の修理が不適切だったことが墜落事故につながったと断定されました。

日航機墜落事故現場 ©時事

その日の夜の「ニュースセンター9時」で、私はスタジオに直径4メートル56センチ、実物大の圧力隔壁を実物と同じ材料のジュラルミンを使って再現しました。半円球の圧力隔壁を実物大で再現してみると、あまりにも巨大で、ふだん使っているニュースセンターには入りません。天井までの高さが建物の3階まである大きなスタジオで収録することになりました。

スタジオに再現した圧力隔壁の前で、木村太郎キャスターと柳田邦男さんが報告書で断定された事故原因を詳しく解説しました。2人が立ってみると、いっそう巨大さがわかります。ふだん飛行機に乗っていてもパネルで仕切られているため、こんなに大きなものだとは気が付きませんでした。

この大きな圧力隔壁の修理が不適切だったため、金属疲労が進んでしまい、機内の気圧に耐えきれなくなって一瞬の間に破壊され、さらに尾翼を壊したために機体の姿勢を保つことができず墜落してしまったと報告書は指摘しています。

スタジオの圧力隔壁で、報告書通りの損壊状況を再現するために、金属のジュラルミンを切断するのには6時間かかりました。事故の際、一瞬で破壊されたことを考えると、機体を破壊してしまう気圧の凄《すご》さがわかります。


いまは、コンピューター・グラフィックスを使って、3次元で視覚的にわかりやすく伝えることができます。ですがあえて、実物大の大きさで、実物と同じ材質で再現して初めてわかる事故の大きさを、実感を持って伝えることができたのではないかと思っています。

事故から30年以上がたちましたが、航空機を使っての移動が当時と比べようもなく急増しています。520人の尊い命を一瞬にして奪った航空機事故の教訓と、二度と起こさない取り組みの重要性がさらに求められています。

## ◆1995年1月17日

　この日、午前5時46分。死者が６４００人を超えた「阪神・淡路大震災」が発生しました。マグニチュード7・3、最大震度は7という巨大地震でした。

　この時も一報は「関西地方で大きな地震が発生」というわずかな情報でした。


　当時は、いまのように地域に細かく地震計が設置されていなかったこととともに、地震発生にともなって電話などが使えなくなる通信障害もあちこちで発生したため、地震発生当初は正確な震度情報も届かず、状況がつかめないため情報が錯綜《さくそう》しました。

　最初は京都で大きな揺れというような情報もありましたが、目立った被害の報告はありませんでした。神戸放送局となかなか電話連絡が取れない中で、午前6時半を過ぎた頃、放送局前からの生中継がつながり、建物が崩れた神戸放送局の姿が突然、飛び込んできました。

そして、突き上げるような激しい揺れで、宿泊勤務の記者が仮眠ベッドから飛び起きた地震発生時を記録した映像も届き、これまでにない大規模地震の被害が伝わってきました。

午前7時になり、ようやくヘリコプターが大阪伊丹空港を飛び立つことができ、神戸の上空にさしかかると地震被害の大きさがわかってきました。飛び込んできた映像は、横転した高速道路、宙釣りになっているバス、倒壊したおびただしい数の建物、神戸市内あちこちで立ち上る火と煙、火災の広がり……。いったい住民の安否はどうなっているのか。

この時から、NHKは全国の職員を動員し、緊急ニュースや特別番組の放送を続けました。私は入局20年目。東京のニュースの制作現場で連日、現地と一緒になって報道にあたりました。

毎日増え続ける死傷者の数、その状況。住宅や建物、道路、鉄道など、神戸という大都市を支えていたインフラがことごとく破壊された中で、冬の寒さと余震におびえながら避難生活を続けている人々はピーク時には31万人を超えました。

避難している人々はいま何を必要としているのか、被災者の声に耳を傾け続けました。一度にこれだけ多くの人々が長期間、避難生活を送るという経験はこれまではなかったために多くの避難所で、取材に押し寄せるマスコミにも非難の声があがっていました。

「大変なことはわかっているじゃないか。何度、同じことを聞くのか」「それよりも一刻も早くいまの状況をなんとかしてほしい」

こうした声を受けて、避難所からの中継の場所や時間や伝え方を考えながら、被災者の方々が求めている声を伝え続けました。

地震直後、被災地でなかなか連絡がとれず、家族や知人の安否がわからないという声が相次ぎました。NHKでは「安否情報」を教育テレビやFM放送を使って初めて実施しました。「○○区の○○さん、近くの避難所にいます」というような情報を、電話でNHKに連絡してもらい、テレビで文字画面とともにアナウンサーが読んで伝えるというものでした。

放送ですので、一方的に伝えることしかできませんでしたが、いまのような携帯電話やスマートフォンもなく、有線の固定電話が中心の時代には、大規模災害時の安否連絡手段として役割を果たしました。

これ以降、電話会社が災害用伝言板を設置したり、NHKなどが収集した安否情報や自治体がまとめた避難者名簿などを検索できるインターネットサイト「J-anpi～安否情報まとめて検索」が開発されたりするなど、大規模災害時の対策が進みました。

阪神・淡路大震災の発生から1か月たってようやく1日休みがとれ、現場に向かいました。新大阪駅から一部復旧していた鉄道を乗り継いで、被災地や避難所を歩きました。その時、現地で目の当たりにしたのは、連日テレビ映像では伝えきれていない被害の大きさと避難生活の現状でした。一人でも多くの住民の命を救う手立てはなかったのか。「想定外がないよう想定する」という難しさを実感しました。

## ◆2004年10月23日

この日、午後5時56分。阪神・淡路大震災以来、観測史上2回目の震度7が観測されました。「新潟県中越地震」です。

私はその時、報道局の当番編集主幹を担当していました。編集主幹とは、当時は３人が１週間交代で当番制をとり、その担当週に発生する緊急報道やニュース判断など報道に関するすべての最終判断をする責任者です。


静かな土曜日の夕方、地震発生とともに突然ニュースセンターに、けたたましいアラーム音が鳴り響きました。すぐに地震速報を伝える体制に入りました。「新潟県中越地方で大きな地震」という一報でした。

新潟県長岡市に設置してあるロボットカメラの映像を見ましたが、電気はついていて、商店街には人通りもありました。編集主幹の仕事は、放送している通常の番組を中断して、刻々と入ってくる地震や被害の情報を的確に伝えるとともに、被害の全体状況をみながら、いつまで地震情報を続けるのか、いつ通常番組に戻すのかという判断をすることです。

これは本当になかなか難しい仕事です。結果的に被害がほとんどなかった場合、いつまで通常の番組を中断しているのかと、視聴者の方々から厳しい意見が多数寄せられます。一方で、大きな被害はないだろうと判断して、早めに通常番組に戻したあと大規模な災害が発生していたことがわかると、なぜ緊急報道を続けなかったのかと結果責任が問われます。

新潟中越地震も、なかなか被害情報が入りませんでした。しかし、阪神・淡路大震災と同じ震度7で何も起きていないことはないと考えて放送を続けました。しばらくすると、地震によるけが人や家屋の倒壊などの情報が入り始めました。

取材を続けている記者から、山間部にある山古志村《やまこし》(現在は長岡市の一部)とさまざまな方法で連絡をとっているがつながらないという情報が入りました。取材者が中継の機材とともに山古志村をめざしましたが、夜であたりが真っ暗で、しかも地震で山古志村に通じる道路がいたるところで崩れていて、なかなか進むことができません。詳しい情報がつかめないまま時間が経過していきました。

上越新幹線が地震で脱線したという情報も入り、大事故につながっていないかとニュースセンターは緊張しました。地震が発生した時、上越新幹線「とき325号」は時速約200

キロメートルで走行中でしたが、早期地震検知警報システム「ユレダス」によって非常ブレーキが作動し、脱線地点から約1・6キロメートル走ったところで停車しました。車輪が線路からはずれたものの、幸い横転することはなく乗客・乗員は全員無事でした。

日本の新幹線が走り始めて40年、初めての営業運転中の脱線事故でしたが、この区間の新幹線高架橋は、阪神・淡路大震災の経験を踏まえた支柱の補強工事が進められていて、大事故には至りませんでした。

翌朝あたりが明るくなるとともに、各地の深刻な被害の状況が刻々と入ってきました。ヘリコプターの映像からは、全壊や半壊した住宅が多く見られ、がけ崩れで道路が寸断されている箇所などが多発していることが確認できました。

一晩中、なかなか連絡がとれず、孤立状態にあった山古志村では、土砂崩れがあちこちで起き、川をふさいだために水位が上昇し、住宅が水につかるなどの大きな被害が発生していました。

孤立した集落からは、自衛隊のヘリコプターを使って住民の救出が続きました。

この地震による死者は新潟県で68人に及びました。

## ◆2011年3月11日

午後2時46分。マグニチュード9・0、最大震度7の巨大地震が発生しました。「東日本大震災」です。地震と津波等で死者・行方不明者が1万8000人にのぼる未曽有の大惨事となりました。

地震が起こった時、私は東京・渋谷の放送センターで打ち合わせをしていました。突然、これまで経験したことのない大きな揺れを感じるとともに、天井のパネルの一部がはずれ、壁に取り付けてあった額が落ちるなどの状況から、「首都圏直下地震が発生したのではないか」と思ったほどでした。

総合テレビでは国会中継を放送しており、警報チャイム音とともに画面に「緊急地震速報

宮城県沖で地震　強い揺れに警戒」がスーパーされました。ほどなく、国会の委員会室でも揺れが始まりました。

速報から１分28秒後に国会中継を中断し、テレビとラジオで緊急報道が始まりました。地震から３分後、気象庁は「大津波警報」を発令。岩手県３メートル、宮城県６メートル、福島県３メートルと予想される津波の高さを伝えるとともに、「早く安全な高台に避難するよう」呼びかけました。

午後２時54分から津波の第１報が入ってきました。岩手県大船渡《おおふなと》港で20センチ、宮城県石巻《いしのまき》鮎川で50センチ……、のちになって、第１報の数値が小さかったために放送を聞いていた人が安心してしまったのではないかという指摘もされました。

地震発生から28分後、気象庁は大津波警報の「予想される津波の高さ」を岩手県６メートル、宮城県10メートル以上、福島県６メートルに引き上げるとともに、地域を追加しました。

その時にはすでに、岩手県釜石市、大船渡港、宮古港、宮城県気仙沼《けせんぬま》港などに設置してあったＮＨＫのロボットカメラが、大津波をとらえていました。海水が盛り上がり、陸上に押し寄せ、多くの住宅や建物、車を流し、さらに大きな船やタンクが流されていく映像が放送されていました。

私は、放送センターのエレベーターが停止したために、21階から非常階段を下りてニュースセンターに向かいました。気象庁は午後3時31分に再度、大津波警報の予想の高さを岩手県、宮城県、福島県では10メートル以上などとさらに引き上げました。

そして3時54分、仙台空港を飛び立ち取材を続けていたNHKのヘリコプターが、名取《なとり》川の河口からさかのぼる津波の脅威を生中継でとらえました。黒い濁流となってあたり一面に広がり、水田や住宅を飲み込み、内陸へ内陸へと速いスピードで押し寄せる大津波。人々の生活の場が一瞬にして津波に飲み込まれていく現場の映像を生中継で伝え続けました。

NHKではこれまでの緊急報道の教訓から、ヘリコプターが配備されている札幌から沖縄まで全国12か所の空港に常時パイロットやカメラマンが待機していて、何か一報が入ればすぐに飛び立てる体制をとっています。こうした備えがあって、大津波と被害の状況をいち早くとらえることができました。

他のマスコミ各社も仙台空港にヘリコプターを配備していましたが、すぐに飛び立てる体制をとっていなかったため、津波に機体が飲み込まれてしまいました。

**津波の被害を受けた仙台空港**
Ⓒアジア航測／時事通信フォト

緊急報道の初動に向けた、こうした日頃の備えや訓練があり、いち早く大津波の到来を生中継で伝えることはできましたが、大津波の勢いは速く強大で、多くの命が失われてしまいました。

なぜ多くの人の命を救うことができなかったのか。一人でも多くの命を守るためにさらに何をするべきだったのか。放送は、命を救うことにどこまで役立ったのか。住民が必要とする情報をきちんと届けることができたのか。

NHKでは東日本大震災を教訓に、さまざまな面から検証を進め、今後に向けた見直しを進めています。

まず、すぐに放送での伝え方の見直しを始めました。放送で的確な避難行動を呼びかけることができたのか。視聴者のみなさんに正確な情報と危機感が伝わったのか。

東日本大震災までは、大津波警報が出された場合、「沿岸地域のみなさんは、今すぐ、できるだけ高いところに逃げてください」などとパニックにならないように、冷静に呼びかけていました。しかし、住民に切迫感を持ってもらうために、アナウンサーが「今すぐ逃げてください！」「早く高台に逃げて!!」などと、命令調と断定調の強い口調で呼びかけるようにあらためました。同時に画面でも目立つ大きな字で「すぐ避難を！」と切迫感ある文字情報で伝え、素早い避難行動により、一人でも多くの命を救えるよう取り組みを進めています。

福島ではさらに原子力発電所の事故により、いまも多くの住民が避難生活を余儀なくされています。東京電力福島第一原子力発電所では、津波で電源を喪失し、冷却できなくなった1号機、2号機、3号機で炉心溶融《ようゆう》(メルトダウン)が起き、多量の放射性物質が拡散しました。

この時も、政府や東京電力などの情報が錯綜《さくそう》しました。これまで、大災害や大事件の際には大きな力を発揮してきたマスメディアの報道に対しても、「本当に正しい情報を伝えているのか」という、かつてない批判が寄せられました。

こうした重大な原発事故が起こった場合、原発自体の取材が不可能となり、周辺地域の取材も制約されます。そのため、政府や東京電力の発表をもとにしながら、事故の状況や周辺への影響を詳しく伝えていくことが中心にならざるをえなくなります。

そのため、国や自治体などの重要な記者会見を生中継で伝えるとともに、その情報をもとに、専門知識を持った記者や専門家が解説して伝えていくことになります。その結果、視聴者のみなさんから見ると「政府の発表をそのまま垂れ流している」という印象を与えてしまったのではないかと思います。

政府は、3月11日午後7時過ぎに「原子力緊急事態宣言」を出しました。福島県は午後8時50分に「原子炉の水位が下がり、放射性物質が漏れ出す可能性がある」として、原発から半径2キロメートル圏内の住民に最初の避難指示を出しました。さらに午後9時23分、国による最初の避難指示が出され、「原発から半径3キロメートル圏内に避難指示、10キロメートル圏内に屋内退避指示」と範囲が拡大していきました。

記者会見で枝野幸男官房長官は「これは念のための指示でございます。放射能は現在、炉の外には漏れておりません」「安全な場所まで移動する時間は十分にあります」と述べ、NHKでは会見の模様をそのまま生中継しました。

翌日の午後になると一気に事態は深刻化しました。

経済産業省の原子力安全・保安院が、1号機の周辺で核分裂によって発生するセシウムという放射性物質が検出されたことから、1号機の炉心にある核燃料の一部が溶け出たとみていると発表しました。

こうした中で、1号機の水素爆発が起こり、政府は避難指示の範囲を、原発から20キロメートル圏内にさらに拡大。多くの住民が避難を余儀なくされ、避難先も全国各地に広がりました。

3月15日午後になると、各地の放射線量の測定値が伝えられ始めました。福島県いわき市で通常の470倍にあたる毎時23・72マイクロシーベルトが観測され、東京など関東地方でも通常の数倍から数十倍の放射線量が観測されました。

健康への影響はないのか、マイクロシーベルト、ミリシーベルトとはどんな単位なのか、それがどれくらいの放射線量なのか、安全なのか、視聴者の不安が高まりました。

事態の深刻さを、放送は適切に伝えていたでしょうか。

ＮＨＫが２０１１年５月に岩手・宮城・福島の住民を対象に行った「東日本大震災におけるメディア利用についてのウェブ調査」によると、「本当に正しい情報を伝えているのか」「政府にとめられている情報もあったのではないか」「不安を与えないためなのか、評価が甘いソースの情報のタレ流しが目立ち、信憑《しんぴょう》性に疑問を感じた」などの厳しい意見が寄せられました。

重大な事故を起こした原発そのものへの直接取材ができないため、政府や東京電力の記者会見が主な取材源とならざるをえないことから、政府の「ただちに人体に影響があるものではない」という発表が繰り返し放送され、それが視聴者の不安、不信につながったのではないかと考えています。

こうした限られた取材状況の中にあっても、具体的なデータをもとに、より正確な判断材料を放送で伝えられないかと検討が続きました。

放射性物質の拡散について、「SPEEDI《スピーディ》（緊急時迅速放射能影響予測ネットワークシステム）」が運用されています。コンピューターを使って、風向きなどの気象条件や地形を踏まえて原発から放出される放射性物質の広がりを予測するシステムです。

ＮＨＫでは事故の翌日から科学文化部の記者が、スピーディの予測について原子力安全・保安院などに対して取材していましたが、地震にともなう停電のため、放射線量の測定装置などが動かず、スピーディは機能していないという回答だったと聞いています。

ようやく3月23日になって、政府から初めてスピーディのデータが、試算データという形で公表されました。試算によると、安定ヨウ素剤を服用する目安となる１００ミリシーベルトを示す線が、原発の北西方向にある福島県の浪江《なみえ》町や飯舘《いいたて》村などを覆っていました。

原子力委員会は「限定的な情報しか得られていない状況下で試算されたもの」「このグラフを使ってこういう所ではこれぐらい危険になっているとは是非使わないでほしい」としていました。

こうしたデータの扱いについては議論が分かれます。「試算の根拠が必ずしも明確ではなく信頼性が十分でないデータを出すと住民がパニックになり、誤った避難行動や混乱を招きかねない」という公表に慎重な考え方と、「精度が完全ではない場合でも、そのことを十分に説明したうえでいち早く伝えるべきだ」という公表に積極的な考え方です。

ＮＨＫでは議論を進めた結果、今回のスピーディのような情報は、住民の命や健康を守るための防災情報を発信するという考えから、精度が完全ではない場合でもそのことを十分に説明したうえでいち早く伝えるべきだという結論に至りました。

東日本大震災のように広範囲に及ぶ災害では、放送だけでなくインターネットの有効性が高まりました。

ツイッターを通じて救助を求めるＳＯＳのメッセージが数多く流れました。地震による停電や通信網の寸断により連絡手段が限られている中で、地方自治体もツイッターを通じて避難の呼びかけやライフライン情報などの発信を始めました。

放送でも、状況がなかなかつかめない地域の情報を収集して、「ツイッター情報」として伝えるなどの取り組みを進めました。

同時に、津波や停電でテレビが使えない多くの人々に向けて、インターネットで放送と同じニュースを同時配信するとともに、ツイッターなどを使って情報の発信を進めました。安否情報もインターネットで検索できる取り組みを強化しました。

放送では時間が限られていて、地域ごとの詳細なライフライン情報を伝えることが難しいのですが、インターネットを通じて、電気・ガス・水道・通信の情報、医療機関の情報、救援物資の情報なども発信しました。

さらに、災害時には「デマ情報」が流れることがありますが、NHKが確認した情報をツイッターなどで発信して、「デマを打ち消す」役割も果たしました。

このように、東日本大震災では、多くの視聴者のみなさんに瞬時に同じ情報を届けられる「放送」の特性に加えて、一人一人のニーズにこたえるため、通信の双方向性を生かした「インターネット」を通じた情報を組み合わせて、人々の安全・安心のための情報を最大限伝えようと努めました。

ニュースセンターでは毎日夜のニュースが一段落すると、地震などに備え、緊急報道の初動訓練を重ねています。

わずかな情報から始まる緊急報道にあたっては、過去の一つ一つの災害を教訓として改善を進め、「想定外」が起こらないように日々努力しています。しかし、災害は毎回「新たな顔」でやってきます。

自分の命を守るために、正確で役に立つ情報をどう入手し、行動していくのか。「想定外に備える」という心構えと準備が、日頃から何よりも大事だと痛感しています。

# 第４章

# テレビとネット、どう見られているか

## ◆若者のテレビ離れとネット利用の急増

これまで、テレビ報道の世界では、どう情報をつかみ、どう確認して視聴者のみなさんに伝えているのかを私の体験からお話ししてきました。

しかし、インターネット、特にスマートフォンの普及にともなって、視聴者のみなさんのメディアの利用状況が急速に大きく変わってきています。中でも〝若者のテレビ離れ〟が指摘され、放送局にとって大きな課題となっています。

NHK放送文化研究所は、1985年から5年おきに「日本人とテレビ」という調査を継続的に行っています。

2015年の調査によると「テレビ」を毎日のように見る(録画を除く)人は、全体では5年前の84％に比べて5ポイント減って79％となっています。その内容を年代ごとに詳しく見たのが資料1です。統計的に分析すると、テレビを毎日のように見る人はこの5年間で、20~50代の幅広い層で減少しました。16~19歳は75%(5年前に比べ3ポイント減)、20代では64%(15ポイント減)、30代では72%(9ポイント減)、一方で60代は85%(3ポイント減)、70歳以上は79%(4ポイント増)でした。

テレビは特に20代の接触が減り、毎日のように視聴する人が3人に2人となっています。

「新聞」では、毎日のように読む人は、全体では5年前に比べて10ポイント減って58%となっています。年層別に見ると、この5年では、60代以下すべての世代で減少し、年層別の接触の差が広がりました。16~19歳は10%(20ポイント減)、20代は17%(17ポイント減)、30代は35%(17ポイント減)、60代でも77%と5年前に比べて10ポイント減っています。一方で70歳以上は81%(3ポイント増)という結果でした。

新聞はこの5年で接触が大きく減り、毎日のように読む人は、20代で17%に半減し、16~19歳では、10人に1人という状況になっています。

## (資料1)　メディアへの接触

テレビへの「毎日」接触(年層別)

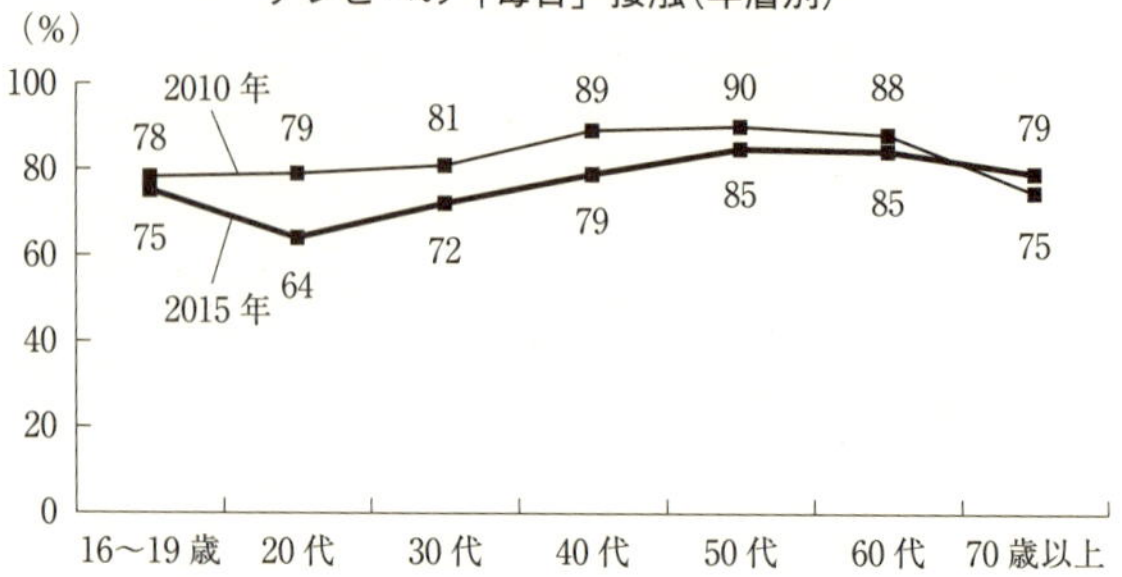


新聞への「毎日」接触(年層別)

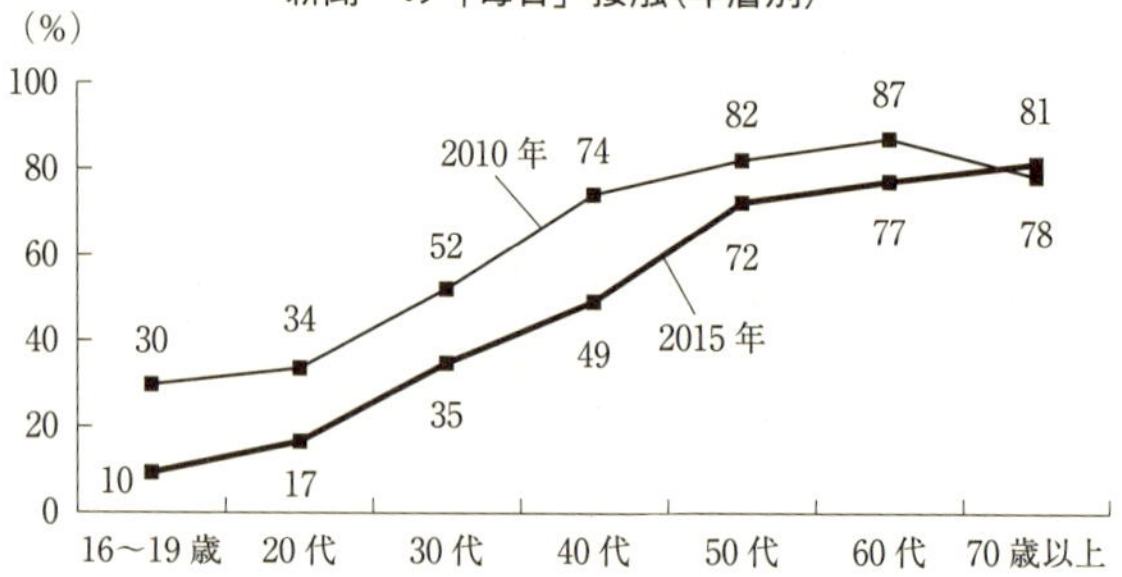


インターネットへの「毎日」接触(年層別)

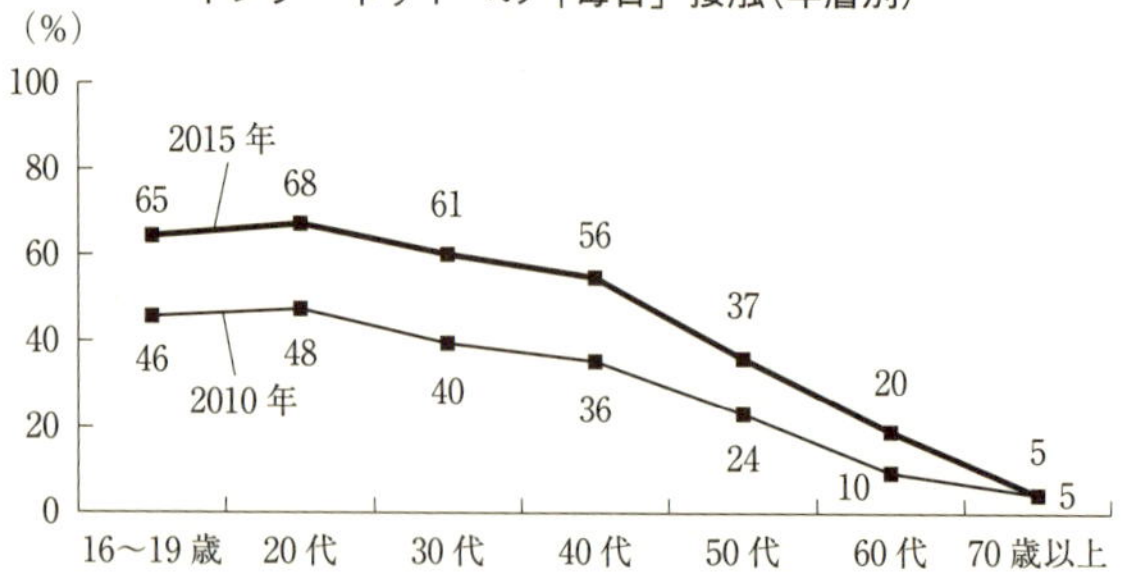


(出典)NHK 放送文化研究所「日本人とテレビ　2015」

**(資料2)　1番目に欠かせないメディア(年層別)**

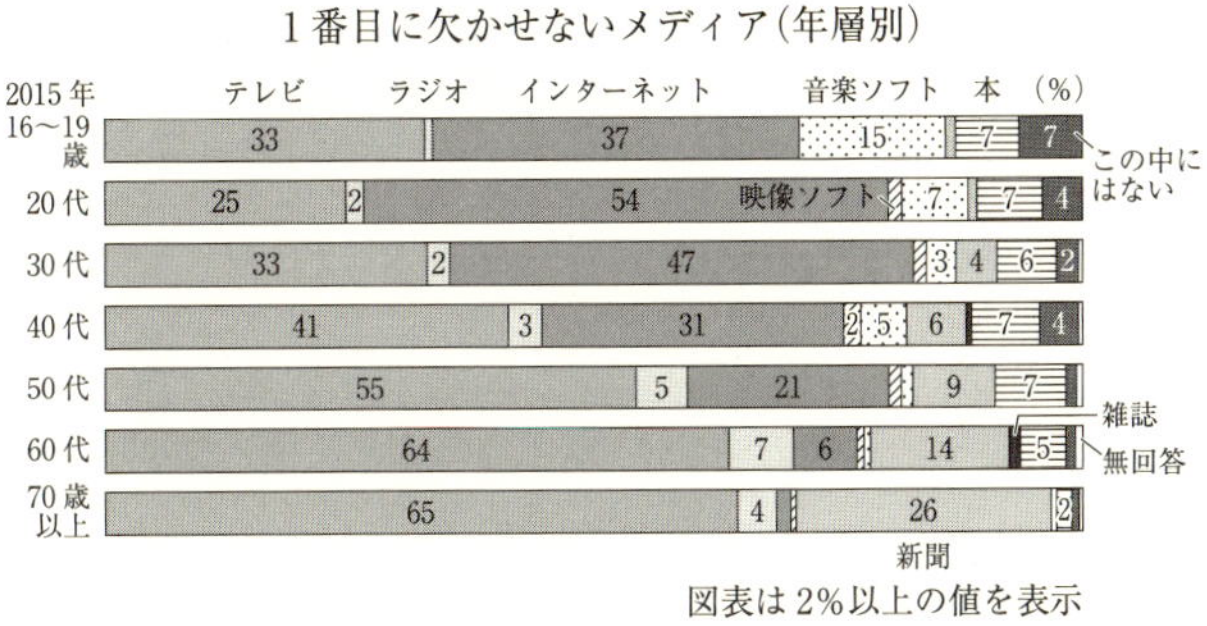


(出典)NHK放送文化研究所「日本人とテレビ　2015」

一方で、インターネット(メールを除く)を毎日のように使う人は、全体では5年前に比べて11ポイント増えて38%となっています。年層別に見ると、16~19歳は65%(19ポイント増)、20代は68%(20ポイント増)、30代は61%(21ポイント増)、一方で60代でも5年前に比べ倍の20%、70歳以上は5%(5年前と変わらず)でした。

インターネットは60代以下のすべての年層で増加しています。

「日本人とテレビ　2015」調査ではさらに、あなたにとって「1番目に欠かせないメディアは何か」を聞いています。

全体の調査結果ではテレビが5年前の55%に比べ5

ポイント減の50%、インターネットが23%(9ポイント増)となっており、テレビが大きく上回っていますが、資料2のように、年層別に見ると事情は違います。16～19歳でみてみると、インターネットが37%、テレビが33%、20代では、インターネットが54%、テレビが25%、30代ではインターネットが47%、テレビが33%などとなっています。

30代以下はすべての年代で、1番目に欠かせないメディアは、インターネット。40代以上になって、テレビがインターネットを上回るという結果が出ています。

こうした調査結果から、いまのメディア接触状況は、新聞やテレビなどのマスメディアへの接触が年々落ちてきていて、一方でインターネットへの接触が大幅に増加してきており、特に、10代、20代の若者はその傾向が顕著だという現状が浮かび上がってきます。

## ◆手放せないスマートフォン

あなたは1日何分くらい、スマートフォンでインターネットを使っていますか。

高校生の94・8％がスマートフォンを利用していて、平日1日あたり平均170・3分、およそ3時間近くスマートフォンを使ってインターネットを利用しているという調査結果が、内閣府が行った「平成28年度　青少年のインターネット利用環境実態調査」で報告されています。

この調査によると、スマートフォンだけでなく、パソコンなどインターネットが利用できる機器全体で見ると、高校生は平日1日あたり207・3分使っています。中でも5時間以上インターネットを使っている高校生の割合が20・5％と、5人に1人に及んでいて、年々、利用の長時間化が進んでいます。

では、高校生はスマートフォンをどう使っているのでしょうか。内閣府の調査では、「コミュニケーション」が92・3％と最も高く、動画視聴82・7％、音楽視聴81・7％、ゲーム71・4％、情報検索71・0％などとなっており、ニュースは50・7％でした。

毎年の変化で見るとこの3年間で、ニュースの利用の増加率が高く、次いで動画視聴、ゲームの利用が増加しています。

みなさんの実感と比べてどうですか。

スマートフォンが誕生したのは2007年とまだ10年ほどの歴史です。アップル社がアメリカで「iPhone」を発売し、2008年に、日本でも「iPhone 3G」が発売されました。アンドロイドを使ったスマートフォンは、2008年にアメリカで誕生し、日本でも翌年から発売されました。

2010年代に入ると、スマートフォンは急速にシェアを伸ばしました。総務省の「平成28年　通信利用動向調査」によれば、日本の世帯のスマートフォン保有率は2010年の9・7%から、2016年には71・8%とおよそ7・4倍に急増しました。個人の保有率では、20代が94・2%、30代が90・4%という高い保有率です。こうした状況が、メディアの利用状況を大きく変化させました。

## ◆メディアの情報信頼度は

では、人々は「メディアの信頼度」をどうみているのでしょうか。

できるだけ人々の実感に迫るため、数字が多くなりますが3つのデータで見ていきます。

1つが、総務省情報通信政策研究所が行った「平成28年　情報通信メディアの利用時間と情報行動に関する調査」です。この調査では、それぞれのメディアのうち、信頼できる情報がどの程度あると思うかを質問し、「全部信頼できる」「大部分信頼できる」と回答したものを「信頼度」として集計しています。

新聞が70・1％、テレビが65・5％、インターネットが33・8％、雑誌が20・5％という結果が調査対象全体の「メディアの信頼度」でした。

それを年代別にみたのが資料3です。10代はテレビと新聞が同じ結果の66・4％、インターネットが30・7％、雑誌は27・9％で他の年代に比べ一番高い信頼度でした。20代は新聞が64・5％、テレビが60・4％、インターネットが42・4％、雑誌が20・7％という結果でした。

（資料3）　メディアの信頼度

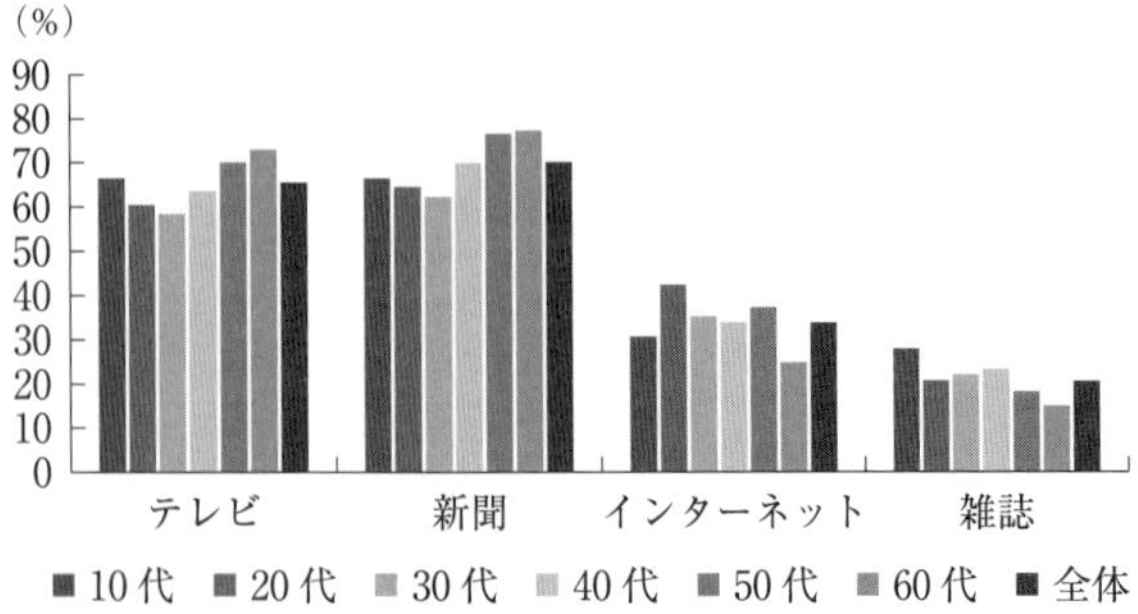


（出典）総務省情報通信政策研究所「平成28年　情報通信メディアの利用時間と情報行動に関する調査」

興味深いのは、テレビの信頼度が最も低いのが30代で58・4％、一方でインターネットの信頼度が最も高いのが20代の42・4％、次いで50代の37・3％などとなっています。

ネット利用の多い10代は他の年代と比べ、テレビへの信頼度が66・4％と高い一方、インターネットへの信頼度が30・7％と低い結果になっています。

日本では30代を境に、パソコンでインターネットを初めて使い始めた「インターネット第1世代（主に30代後半以上）」と最初からスマートフォンでインターネットを使い始めた「スマホ世代（主に10代〜30代前半まで）」とでは、マスメディアとその情報の受け止め方に少し違いがあるのではないかと私は感じています。

「インターネット第1世代」は、インターネットを初めて手にした時、それまでのマスメディアから一方的に流れてくる情報と違い、誰もが発信でき、多様な情報が検索できるという新たな経験をしており、インターネットからの情報に関心がより強いのではないでしょうか。

一方で「スマホ世代」になると、マスメディアからの情報も、個人が発信した情報も、スマートフォンの画面で同じように表示されることが一般的になり、自分が興味を持った話題や情報を情報源にこだわらず選び出すというような行動パターンが多くなっているのではないでしょうか。

２つ目は、ＮＨＫ放送文化研究所が、２０１５年５月に行った「メディアと世論調査に対する信頼」調査の結果です。この調査では報道媒体への信頼度を調査しています。「とても信頼している」と「まあ信頼している」を合計した数字は、テレビのニュースが73％、新聞の記事が71％、ポータルサイトのニュースが26％、週刊誌・雑誌の記事が11％、掲示板やブログが6％でした。総務省の調査とほぼ同じような傾向が見られ、この調査ではインターネットの掲示板やブログの信頼度も調査対象になっています。

3つ目の調査結果は、公益財団法人　新聞通信調査会の「第10回　メディアに関する全国世論調査（2017年）」で、メディアごとに、全面的に信頼している場合は100点、全く信頼をしていない場合は0点、普通の場合は50点として点数をつけてもらって集計したものを「情報信頼度」としています。

テレビ、新聞、ラジオの情報信頼度は、年々少しずつ下がってはいますが、2017年の調査では、NHKテレビが最も高く70・0点、新聞が68・7点、民放テレビが59・2点、ラジオが58・2点、インターネットが51・4点、雑誌が45・0点という結果になっています。

さらに「各メディアの印象」を項目別に聞いたところ、興味深い結果が出ました。調査対象全員に複数回答で聞いた結果の上位4位までをまとめたものが資料4です。

新聞が1位だったのが「情報が役に立つ」の項目。NHKテレビが1位だったのが「情報が信頼できる」「社会的影響力がある」「情報が分かりやすい」の項目。民放テレビは「情報

## （資料 4）　各メディアの印象

（%）

| | 1位 | 2位 | 3位 | 4位 |
|---|---|---|---|---|
| 情報が役に立つ | 新聞 47・8（50・0） | NHKテレビ 42・4（39・8） | インターネット 41・4（42・7） | 民放テレビ 37・5（36・5） |
| 情報が信頼できる | NHKテレビ 57・7（61・7） | 新聞 57・3（59・5） | 民放テレビ 20・4（22・1） | インターネット 13・1（13・5） |
| 社会的影響力がある | NHKテレビ 55・3（55・5） | 新聞 48・7（51・1） | 民放テレビ 48・4（45・8） | インターネット 41・9（40・6） |
| 情報が分かりやすい | NHKテレビ 45・8（45・6） | 民放テレビ 43・7（44・4） | 新聞 37・1（39・0） | インターネット 29・7（28・9） |
| 情報が面白い・楽しい | 民放テレビ 61・2（60・0） | インターネット 42・4（42・7） | 雑誌 18・9（23・5） | NHKテレビ 17・9（15・4） |
| 手軽に見聞きできる | インターネット 54・7（54・6） | 民放テレビ 49・2（49・7） | 新聞 36・3（39・5） | NHKテレビ 32・9（32・0） |
| 情報源として欠かせない | インターネット 47・1（45・9） | 新聞 44・7（49・3） | NHKテレビ 41・8（41・9） | 民放テレビ 38・7（37・7） |
| 情報の量が多い | インターネット 45・4（46・0） | 新聞 39・6（40・1） | 民放テレビ 31・5（31・0） | NHKテレビ 23・5（22・6） |

注：（　）内は2016年度調査の数値

（出典）公益財団法人 新聞通信調査会「第 10 回　メディアに関する全国世論調査（2017 年）」

が面白い・楽しい」、インターネットは「手軽に見聞きできる」「情報源として欠かせない」「情報の量が多い」が1位という結果でした。

ではトランプ政権と緊張が続いているアメリカでは、メディアの信頼度はどうなっているのでしょうか。第1章でもお話ししましたが、アメリカのギャラップ社の調査によると、ベトナム戦争やウォーターゲート事件が国を揺るがした後の１９７６年には72％あったマスメディアへの信頼度が、２０１６年には過去最低の32％まで低下しています。この40年間で半分以下に落ちています。政党支持別にみると、マスメディアへの信頼度は民主党支持者で51％、共和党支持者では14％にまで低下しています。

アメリカでのメディア信頼度が低下している背景には、人々が「フェイスブック」などインターネットのＳＮＳを通じて、好きな時に好みのニュースを選んで読む習慣が広がっている中で、トランプ大統領批判の論調を繰り返すマスメディアに対し、国民の中に冷ややかな態度が広がってきているのではないかとの指摘が出されています。

一方で日本では、マスメディアの信頼度はかつてよりは少し低下していますが、現在でも70％前後で安定しています。これは、社によってニュアンスは違うものの、いずれも「事実に基づいた客観的な報道」をベースに伝えてきたことによるのではないかと私は考えています。それが、人々の判断のよりどころとなってきたと思います。

今後も事実に基づく客観的な報道をどう貫いていくか。信頼度をさらに強固にするために、何を伝えていくべきか。アメリカの状況をみるたびに、日本のメディアにいま強く求められていることだと思います。

# 第5章

# インターネット情報はどう生み出されているか

## ◆ニュースとネット情報

今では、スマートフォンなどを使って、いつでも、どこででも、見たい時に、インターネットでニュースを見るということが日常になっています。こうしたサービスが、パソコンを通じて、日本で始まったのは20年ほど前のことです。

日本でニュースとインターネットが結びついたのは、マイクロソフト社のウィンドウズ95が発売された1995年のことです。この年、毎日、読売、朝日の新聞各社は自社のサイトからニュースの配信を始めました。

当初、インターネットで公開する記事の本数は限られていました。それは、〝紙の新聞〟は有料なのに、インターネットで記事を読むと無料。これでは誰も新聞を取らなくなるのではないかという社内の反発があったからです。

それでも、インターネット配信に取り組んだのは、ネット利用者が増えていけば広告収入も増えていき、今後の新聞社の収益モデルにつながるのではないかと期待していたと言われています。

しかし現実は、確かにネット利用者が増えて巨額の広告収入を生むことになったのですが、その担い手は新聞社ではなく、ネットに接続した際の入口となり、膨大なコンテンツを整理して紹介する「プラットフォーム」企業でした。

翌１９９６年に「ヤフー」が日本でサービスを始めます。インターネット接続の際の入口となるポータルサイトには、検索をはじめショッピングやオークションなどのサービスが並び、その一つとして「ヤフー・ニュース」を始めました。

当時は、「ニュースはもうからないもの」とされ、ニュースは取材や編集にコストがかかり、さらに間違ったニュースを流した時のリスクもあることなどから、自前の記者や編集部を持たず、新聞記者出身のニュース編集者のみを置いて、通信社や新聞社などから安い価格で提供を受けた記事を配信するような形でスタートしました。

このように、日本の初期のインターネットを使ったニュース配信は、ネットビジネス特有のページビュー（PV）の拡大という要請があっても、伝えられる情報は、新聞社などのマスメディアが事実確認をして記事化した情報がほとんどでした。そして、ネットのニュースの編集者も新聞記者などマスメディア出身者でした。したがって、当時はインターネットニュースに「フェイクニュース」が現れるなどということはほとんどありませんでした。

こうした状況が変わるのが、2003年にサービスが始まった「ライブドア」の出現です。「ライブドア」を率いる堀江貴文氏は、ニュースの価値は、ユーザーが判断するもので、マスメディアが価値判断すべきではない、ユーザーの「ランキング」によって決めるべきだなどと主張し、みずから「ブログ」を活用し、世間の注目を集める〝ニュース〟の発信を始めました。

この頃からネットを通じたマスメディアへの批判が強まり、マスメディアが伝えるニュースは偏向しているが、ネットは自由に発言ができ、編集されていないから真実があるというような考え方がネットユーザーの中で広がっていったと思います。

私はNHKで広報を担当したことがありましたが、番組やニュースなどに対して、事実ではない書き込みが「2ちゃんねる」やブログで繰り返され、誤った情報がひとり歩きし始めそうになり、対応に苦慮したことを覚えています。

誰もが自分の意見を書き込んだブログがニュースになる。「ライブドア」は新聞社が配信した記事と、ブロガーの書いた記事を一緒に並べて〝ニュース〟として紹介し始めました。中にはもちろん、専門的知識に基づいて記事を書くブロガーもいますが、多くのブロガーは、取材や編集などの経験がなく、事実確認が行われることもなく発信されるために、不確実な情報や極端な意見なども〝ニュース〟として拡散していきました。

それまでは、「ニュース」は新聞やテレビなどのマスメディアが、社会的な責任を持って発信し、事実に基づいた正しい内容で、信頼できるものとして受け止められていました。

その「ニュース」の発信源が、ブロガーや個人にまで大きく広がっていき、インターネット上には、数えきれない数のニュースサイトが登場しました。

それにともなって「ニュース」という言葉が指す情報も多種多様となりました。インターネット上で話題を集めるものがニュースであるという色彩が強くなり、個人の体験や意見、動画なども「ニュース」と同列に扱われていくようになりました。

個人が発信できるインターネットが定着してくると、「ニュースとは何か」「事実とは何か」というこれまでの概念が、大きく変質していきました。

## ◆ネット情報は、誰が内容に責任を持っているか

インターネットの最大の利点は、スマートフォンやパソコンなどネットに接続できる機器があれば、誰でも、いつでも、どこからでも、どんな内容でも、個人で発信できることです。情報を受け取る側も、機器があれば、いつでも、どこででも、自分が見たい、知りたいと思った時に利用できます。

インターネットは、世界とつながっていますので、フェイスブックやツイッターなどのソーシャルメディア(SNS)を通じて、世界中の人たちとリアルタイムで意見交換や情報交換

ができます。

また、知りたいことを検索すれば、即座に関連する項目が表示され、その中には、個人のブログやツイッターなどから、マスメディアの情報、企業の情報、国や自治体の情報、海外からの情報まで、発信元の違う多種多様な関連情報が集められます。

インターネットには情報の無限の広がりがあります。それだけに、インターネットで伝えられる情報は誰が責任を持っているのかを知っておく必要があると思います。

インターネット企業は、「プラットフォーム」なのか、「メディア」なのかという議論があります。それによって責任の所在が違います。

「プラットフォーム」とは、インターネットを通じた人々の発信や受信を助けるために場所を提供しているだけで、投稿された内容を単に掲載し、ユーザーに届けているだけだという考え方です。ですから、「プラットフォーム」であれば、ネット上に掲載された情報の責任は、原則として投稿者にあります。

たとえば、あなたがインターネット上に、さまざまな誹謗中傷《ひぼうちゅうしょう》を書き込まれ、被害者になってしまった場合を考えてみましょう。直接の責任は、加害者である誹謗中傷《ひぼうちゅうしょう》を書き込んだ人物にあります。しかし、個人ではなかなか発信元にたどり着くことが難しく、加害者の特定までにどうしても手間と時間がかかってしまいます。

その間に、誤った情報がさらに拡散しないよう、急いでネットの書き込みの削除を求める必要があり、インターネットプロバイダやサイトの管理者、運営者等に「権利侵害情報の削除の申出」を行うことができます。

しかし、申し出によって、すぐに削除される場合はきわめて限られています。

「プロバイダ責任制限法」と呼ばれる法律では、被害者に対する責任について、プロバイダ等がその情報を流すことにより、「他人の権利が侵害されていることを知っていたとき」「他人の権利が侵害されていることを知ることができたと認めるに足りる相当の理由があるとき」以外は、削除しなくてもプロバイダ等の責任は免れると定めているからです。「認めるに足りる相当の理由」を被害者が立証するのは簡単なことではありません。

なぜこうした法律になっているのかと言えば、プロバイダ等に安易に投稿内容の責任を負わせると、プロバイダ等が問題のありそうな投稿などを選び出して、掲載を拒否したり、削除したりする「事実上の検閲」にもつながりかねず、憲法で認められている「表現の自由」などとの関係で問題が生じるためとされています。

このように、プロバイダやサイトの管理者、運営者等は、問題が起こってしまったあとの事後の対応でよく、責任はきわめて限られているため、結局、誹謗中傷《ひぼうちゅうしょう》が掲載されたまま、泣き寝入りせざるをえない場合が多いのが実情です。

一方で、「メディア」とは、インターネット企業がみずから、ニュースやコンテンツの企画や取材、制作などに関わって掲載する場合など、情報の発信者として内容に責任を持っている場合です。

インターネットは、マスメディアと違い、情報やコンテンツの発信者と、その情報を掲載し流通させるプロバイダ等が分かれています。そのため、責任はどこにあるのかがあいまいになりやすく、こうした「プラットフォーム」か「メディア」か、などという議論が発生します。

第1章でも取り上げた2017年11月、アメリカ議会上院で開かれた「2016年米大統領選挙でのSNSの影響」についての公聴会で、発言を求められたフェイスブック、ツイッター、グーグルの法律顧問はいずれも、コンテンツを事前に編集するテレビなどと違い、SNSは「プラットフォーム」として場所を貸すだけだという見解を表明しました。

また別の公聴会では、議員に「グーグルはメディアか」と聞かれ、グーグルの幹部は「(グーグルは)テクノロジー事業だ」と答えました。

アメリカでは、大統領選挙などで「メディア」として大きな影響力を持ち始めたSNSに対し、SNSも世論に責任を負うべきで、インターネット企業は「プラットフォーム」という責任のあいまいさをうまく使ってビジネスに結び付けているのではないかという批判が高まっています。

誰が内容に責任を持っているのか。マスメディアは、インターネットとは違い、誰もがすぐに発信できるメディアではありません。取材網が必要ですし、編集・制作体制も必要です。

新聞であればさらに印刷工場から一軒一軒に新聞を届ける宅配制度まで、大きな仕組みが必要です。

テレビで言えば、取材・制作はもとより、放送免許がなければテレビ電波を出すことができません。放送内容については放送法の規定があります。電波を使って全国に届けるための送信所も、さまざまな技術機材も不可欠で、新聞以上の大きな仕組みが必要です。

それだけに社会的な責任は重く、NHKのような公共的な特殊法人や、新聞社や民放のようなメディア企業が、組織として発信しています。情報やコンテンツの取材、制作から、読者や視聴者のみなさんに届けるルートまで、NHKやメディア企業が担っていますので、情報の内容についての責任の所在は明確です。

では、マスメディアが伝えるニュース・情報に誤りはないのでしょうか。そんなことはありません。取材確認が不十分な場合、誤報もあります。しかし、多くの人々が同時にその情報に接するため、間違っていた場合は、取材を受けた当事者や関係者をはじめ、視聴者や読者、さらに他のマスコミなどからの指摘が出されます。人から人にツイートされ拡散するS

NSと違い、多くの人の目で同時にチェックされているわけです。

そのため、新聞や放送などのマスメディアは、ヒト、モノ、カネをかけて裏付けをとり、それぞれの社がその社のクレジットをつけて、責任を持って情報を発信しています。事実関係のチェックはもとより、報道するかどうかや、報道する内容の判断は、新聞社やテレビ局が公共の利益を考えてみずから行っています。

こうしたニュースや情報が、それぞれのマスメディアの名前を明示して、インターネットにも提供されているわけです。


ですから、みなさんがインターネットで情報に接する時、情報の発信源によるこうした違いを頭に入れておいて、この情報は誰が発信しているかに気を配りながら、インターネット情報とマスメディアからの情報を見比べ、それぞれの特性を生かして、情報を読み解いていってほしいと思います。

同時に、自分が発信者となって書き込みを行う際は、他の人の誹謗中傷《ひぼうちゅうしょう》とならないよう倫理観をもって行うことが大切です。

## ◆"ページビューを稼げ"、ネットビジネスの特性

インターネットの情報は、多くの場合、無料で見ることができます。ネットビジネスは「広告収入」で成り立っているからです。

インターネットの広告費は毎年増え続けていて、大手広告会社の電通がまとめた2016年の「日本の広告費」によると、インターネット広告費は1兆3100億円となり、広告費全体6兆2880億円の20・8％となっています。広告費トップのテレビメディア広告費1兆9657億円にじりじりと迫る勢いです。

とにかく広告収入を増やすために、サイトの訪問者を増やし、より多くの人に見てもらわなければならないというのがネット企業の宿命です。ページビュー（PV）を稼ぐことが至上命令となります。

そのためには、人々が興味を持ちそうな話題を目立つように配置し、見出しのつけ方も、ちょっとクリックしたくなるようなセンセーショナルなタイトルや、「まさか」と思うような気になるタイトルなどが求められます。見てもらうために、事実よりは話題性重視になりがちな面があります。

ニュースでも、政治、経済、国際といった「硬いニュース」はなかなか読まれず、事件、事故や芸能、スポーツといった「やわらかいニュース」が前面に出がちです。それをどうバランスよく掲載していくかが問われますが、インターネットではページビューという明確な数字が広告収入に直結しますので、なかなか難しい問題です。

もちろんテレビにも、「視聴率」があります。広告収入に頼る民放の場合、多くの視聴者に見てもらって視聴率を稼ぐことが収益につながるため、ネットと同じような問題を抱えています。しかし、テレビは放送免許を持つ限られた企業だけが参入できるメディアであり、バランスよく放送することが求められています。

視聴者のみなさんに受信料を負担していただいているＮＨＫには広告収入はありません。

そこで、「視聴率とは無縁」と言われますが、全国で開催する視聴者のみなさんの意見をうかがう会に出席するたびに、「最近のNHKは民放化している」「視聴率を追い過ぎている」「もっと大事なことをきちんと伝えるべきだ」と厳しい意見が出されました。

NHKが視聴率を追うということはありませんが、番組担当者の多くは、自分が精魂込めて作っている番組を、一人でも多くの視聴者に見てもらいたいと思って制作しています。その気持ちが強すぎてしまい、時として「視聴率を上げること」が目的化して、演出過剰な番組が生まれてしまうこともないとは言えません。

視聴率は本来、結果の数字なのですが、数字が上がることで達成感が得られることもあります。まさに、数字は魔物です。

ちなみに、NHK放送文化研究所が年2回実施している「全国個人視聴率調査」によれば、視聴率1%あたり、全国の推定視聴者数は118万人になります。2017年11月の調査で、NHKで最もよく見られた番組は、朝の連続テレビ小説「わろてんか」でした。視聴率は13・2%でしたので、推定視聴者数は1557万6000人ということになります。

朝8時に全国で1500万人を超える人々が、同じ番組を見ていることになりますので、テレビは大きな影響力を持っています。

話が少し横道にそれてしまいましたが、ネットビジネスの話に戻ります。

インターネットでは、サイトに多くの人を呼び込み、ページビューを上げることによって、広告費を稼ぎ出すことが、ビジネスの根幹です。そのための仕組みがいくつもあります。

みなさんは、ヤフーやグーグルなどで、一度検索すると、2回目に別の検索をした時に、1回目に検索した内容に関する広告が表示されたという経験はありませんか。これは「運用型広告」と呼ばれ、インターネットではいま主流となっている広告です。

ネットユーザーが何を検索したかなどのデータベースをもとに、そのユーザーが関心のありそうな広告を、IT技術を使って自動で個別に表示して、購買につなげ、広告効果を高めようというものです。これによって、ユーザーが1クリックするごとに広告費が入り、その額も入札制でリアルタイムに変わるというものです。

さらに「検索エンジンの最適化(SEO)」と呼ばれる仕組みを使って、検索されやすいキーワードを入れたり、リンクを増やしたりするなどで、ウェブページを検索サイトの上位に表示させ、より多くの閲覧数を稼ぐという手法があります。画面の小さなスマートフォンでは、最初のページに上位5位程度しか表示されないこともあり、上位に上げることが広告収入の増大に直結することになります。

「ステルス・マーケティング（ステマ）」も行われています。ステルスとは、英語で「隠密、こっそりする」などの意味で、消費者に広告だということを隠してマーケティング活動をすることです。広告主からお金を受け取ったり、取材でさまざまな便宜を受けたりして、記事を書いたものを、広告や宣伝とはわからないように、「ニュース」として掲載するようなケースもあります。

また、消費者のクチコミの中に広告を混ぜるという手法もあり、「飲むだけで痩せた」というサプリメントのクチコミを見て試供品を取り寄せたところ、定期購入者として登録され、商品が送られてきて代金を請求されたというようなケースも後をたちません。

さらに、「アフィリエイト」という手法もあります。自分のサイトやブログ、メールマガジンなどに商品を紹介して、ネットユーザーがそれを購入することで、企業から成功報酬が支払われる仕組みです。ブログやメールマガジンの文章の中にリンクを張ったり、バナーにリンクを張り付けたりすることで、表示回数やクリック数、成約数がわかるというもので、中には月に数百万円も稼ぐ人もいるそうです。

これらは、ネットが通信を使うため、誰が、いつ、何にアクセスしているかがわかるため、このデータを最大限に利用しようとするビジネスが次々に登場しています。こうしたネットビジネスの実情を知っておいた方が、情報を読み解く上で役に立つと思います。

## ◆〝収益優先〟、コストをかけずに情報を量産

2016年12月、大手IT企業のディー・エヌ・エー(DeNA)がインターネットで運営していた医療や育児、ファッションなどの10の「まとめサイト」を休止しました。

医療・健康情報の体裁を取りながら、肩こりが「幽霊が原因なことも?」など信憑《しんぴょう》性や正

確性に欠ける記事を掲載したり、他のサイトから無断で記事を転用したりしているなどの指摘が相次いだためです。

「まとめサイト」は、インターネット上に散らばっている情報を分類、整理してまとめることで、新しい価値を持たせようというサイトです。ユーザーが分類された情報を手軽に把握できることから多くの利用者を集めていましたが、内容の誤りや他のメディアからの無断転載が多数見つかりました。

ＤｅＮＡでは記者会見を開き、謝罪するとともに、外部委員４人による第三者委員会が調査し、２０１７年３月に「調査報告書」を公表しました。この報告書の中に、インターネット企業が発信している情報が抱える問題点が具体的に指摘されています。

１つは、情報の内容より収益重視という姿勢の問題です。

ＤｅＮＡでは、まとめサイトの事業について、ゲーム事業に次ぐ第2の柱と位置付け、２０１８年度末には時価総額２５００億円相当の実現をめざし、そのために、サイトごとに、１日の利用者数や売上高など、達成すべき目標値を決めていました。

指標として、「たくさんの人の目に触れているコンテンツこそが質の高いコンテンツである」という仮説を立て、グーグル検索経由の1日の利用者数を採用したため、検索結果の上位に表示されやすい記事を作成することとともに、記事の質がある程度低くても記事を量産することを重視する方針が決定されました。

そのため、記事作成数に比べてサイトの編集責任者の数が少なく、記事内容の確認を含めた編集担当者の業務を外部に委ねるなど、不十分なチェック体制のままで業務が行われていたと指摘しています。

「法務部から、記事の内容によってはユーザーの健康被害を招来するリスクがあるため、医療に関する内容を含む記事については医師等の専門家の監修を付けるべきであるとの指摘を受けた。……検討の結果、記事の大量生産というモデルにそぐわず、かつ、コストの面でも見合わないなどの理由で、記事に医師等の専門家の監修を付けることは見送ることとした」(調査報告書)

2つ目は、専門でもない執筆ライターに記事を大量生産させていたという問題です。

ＤｅＮＡでは、クラウドソーシング会社を通じて集められた執筆ライターをはじめ、記事作成プロセスを分割するなどして、徹底して外注化が進められていました。「執筆ライターの執筆能力には相当程度のばらつきがあることは、織り込み済みであった」と報告書は指摘しています。

さらに、執筆ライターへの原稿料をはじめ、コストが抑えられている中、記事の大量生産が行われていて、しかも、適切な指示や指導がなかったことなどから、文章やデータなどをコピーして、他の原稿などに貼り付ける〝コピペ〟や画像の無断使用などの権利侵害の発生につながったとしています。

「一部のサイトのマニュアルでは、著作権侵害であるとの指摘を免れるために、参考にした記事の特定を困難にするような形で、他のウェブサイトの記事を無断利用するための方法を指南し、コピペを推奨していると受けとられかねないような記載があった」（調査報告書）

３つ目は、記事の責任があいまいにされていた問題です。

「プラットフォームか、メディアか」、インターネットの記事の責任の所在については先に触れました。ＤｅＮＡでは、一般ユーザーの投稿記事を掲示している「プラットフォーム」であるかのような対応をしていましたが、報告書では、サイトの運営主体であるＤｅＮＡがその作成過程にさまざまな形で関わっていたので、その部分は、プラットフォームではなくメディアであり、ＤｅＮＡの対応は不適切だったと結論付けています。

こうした「まとめサイト」の問題は、ＤｅＮＡだけでなく、他のＩＴ大手企業でも発覚し、サイト記事の公開中止が相次ぎました。

ネットの情報は無限に広がっています。検索を通してさまざまなサイトを使うことにより、自分の知りたいことや、それに関連することまでまとめて見ることができる便利なツールです。そのツールをうまく使いこなすためにも、ネットビジネスの舞台裏を知っておく必要があるのではないでしょうか。

なお、ＤｅＮＡは小学館と共同出資会社を作り、２０１７年11月に雑誌編集経験者らがチェックする体制で、女性向けファッションの情報サイトを再開しました。

## ◆ネット炎上とネットいじめ

インターネットが登場した頃、誰もが、どんな意見でも自由に発信でき、意見交換や討論の場が生まれ、草の根の民主主義の実現に役立つのではないかと言われたものでした。

しかし現実には、ある企業や団体などの組織や個人の発言や行為に対して、非常に攻撃的で一方的なコメントが殺到する「ネット炎上」が、報道されるだけでも少なくとも年間数百件も起こっています。

そのため、企業の中にはネット調査会社と契約して、ツイッターなどのＳＮＳや電子掲示板で交わされている会話や情報を、自社名や批判的な書き込みにつながるキーワードをもとに、24時間３６５日監視を続けているところも増えています。

そして、批判的なキーワードが通常に比べて多く現れるなどの異常があれば、ただちに内容の事実関係を確認して、自社のホームページ上での掲載や記者への発表などを通じて対応する体制を整えています。「ネット炎上」が起こらないための予防対策をしているわけです。

確かに「ネット炎上」の中には、企業や団体の不祥事を正すなどの面もありますが、特に個人が対象になると、一方的な攻撃となり、陰湿な「ネットいじめ」や「ネットリンチ」により、自殺にまでつながってしまうことが起こっています。

「ネット炎上」を心配すると、人々は発言を控えるようになり、情報発信を萎縮するようになってしまいます。ネットは自由な空間ではなく、一部の声の大きい強い者だけが、声高に威勢のよい情報発信を続けることになってしまい、ヘイトスピーチ（憎悪に基づく差別的言動）などにつながりかねない事態が起こります。

2016年8月にNHK「ニュース7」で放送した「若者の貧困」のニュースで、実名で取材に協力した女子高校生について、ネット上で、「本当は貧困ではないのではないか」「NHKのねつ造だ」などと、事実でない虚偽の情報が相次いで投稿され「炎上」しました。

こうした中で、ネットニュースの「ビジネスジャーナル」が、「少女の部屋はモノで溢れており、エアコンがないと言っているにもかかわらず女子高生の部屋にはエアコンらしきものがしっかりと映っている」とネット上の虚偽の情報を、裏付けも取らず報じたため、その結果、他のネットニュースにもその記事が拡散しました。

ＮＨＫが抗議し訂正を求めたところ、ビジネスジャーナルは、「ＮＨＫに取材もせず、ネットの虚偽情報を鵜呑みにして記事を書いた」ことを認め、ホームページでお詫びと訂正を掲載しました。このお詫びと訂正が、新聞、週刊誌や他のネット媒体で報じられると、ようやく事態が沈静化したという出来事もありました。

「ネット炎上」の実態はどうなっているのでしょうか。「炎上参加者はごく一握り」だという研究結果が発表されています。

慶應義塾大学経済学部准教授の田中辰雄氏と国際大学グローバル・コミュニケーション・センター助教（現在は講師）の山口真一氏は、ネット炎上に参加する人はどれぐらいいて、どのような人々かを数量的に明らかにしようと研究を進めました。これまで起こった炎上の事例やアンケート調査などを詳細に分析・解析を行って得られた結果が、『ネット炎上の研究』という本にまとめられました。

「主役となる攻撃者、すなわち炎上事件で書き込みをする人はごく少数である。過去1年に炎上事件へ書き込んだことのある人は、インターネットユーザの0・5％程度にとどまる。個別事件単位になると書き込む人は0・00X％のオーダーになり、人数で見ると、数千人である。さらにこのうち大半は一人でつぶやくだけであり、直接に当事者を攻撃してアカウント閉鎖などに追い込む人は数人～数十人のオーダーにとどまる。……彼らのプロファイルはかなり特異であり、大きな社会集団の代表とも思えない」(『ネット炎上の研究』)

この研究結果は、「ネットいじめ」を考える上でも参考になります。

「LINE(ライン)で『KY(空気が読めない)』『うざい』『きもい』『死ね』などとたびたび書き込まれる」「すぐに返事をしないと『既読無視』でグループから強制的に外される」などSNS上で、悪口や誹謗中傷《ひぼうちゅうしょう》、さらにはうその情報までしつこく書き込まれる「ネットいじめ」が後をたちません。ネット上での会話だけに、教師や保護者らが把握しにくく、「ネットいじめ」が原因で、自殺にまで至ってしまったケースが起きています。

文部科学省が行った「平成28年度　児童生徒の問題行動・不登校等生徒指導上の諸課題に

関する調査」によると、2016年度、全国の小中高校などで確認されたいじめの件数は32万3808件となり、調査を開始した1985年度以降で最も多くなっています。児童生徒1000人あたりでみると、いじめの発生件数は、23.9件に及んでいます。

このうち、「パソコンや携帯電話等で、ひぼう・中傷や嫌なことをされる」という件数は、全体の3.3%にあたる1万783件で、この5年で3倍を超えています。これは氷山の一角で、数字に現れない部分で「ネットいじめ」はもっと深刻化していると思います。

ネットで自分への批判が相次ぐと、友達のみんなに責められているのではないかと思い込みがちですが、先ほどの『ネット炎上の研究』によれば、当事者を直接的に攻撃して追い込む人は、数人から数十人のオーダーとされています。

自分を責めている人はごく一握りと落ち着いて考えて、家族や先生などに相談したり、「24時間子供SOSダイヤル」の電話相談や、地方自治体で取り組みが始まったLINEなどのSNSを使ったいじめ相談などを利用したりして、とにかくひとりで抱え込まないでほしいと思います。

「ネットいじめ」は誰もが被害者にもなり、加害者にもなります。自分が発信するSNSの内容が、相手にどう受け止められるか。想像力を働かせて、相手の立場に立って考えて使ってほしいと思います。

ここまで、ネット情報がどんな仕組みで生み出されているかを詳しくみてきました。私が、テレビの出身のためか、インターネットの影の部分を強調してしまったかもしれませんが、これまでお話ししてきたように、インターネットの中には「事実や内容は二の次で、ビジネス優先」というサイトがあることも事実です。こうした現実を知っておくことが大事なことだと思います。

インターネットは、誰もが発信でき、世界につながっている無限の情報の〝宝の山〟であることも事実です。それこそが、「インターネットだからできる強み」でもあります。その強みをどう生かせるかが、一人一人のユーザーに求められています。

では、「テレビだからできる強み」とは何でしょうか。私の経験の中からお話ししたいと思います。

第６章

# テレビだからできること

## ――大きな時代の変わり目に――

## ◆閉ざされた国境を越えたやけどの少年

大きな時代の変わり目に起きた一つ一つの事実を、丹念に映像でとらえて伝えていくこと。時代の流れの深層に迫ること。そして、これからの時代に向けて記録すること。テレビ報道にとって大事な役割です。テレビだからできることでもあります。そこには、多くの視聴者のみなさんに報道するマスメディアの使命感と責任があります。


第二次世界大戦後の「東西冷戦」と呼ばれた時代。アメリカ合衆国と対抗する社会主義の超大国、ソビエト連邦(ソ連)が強大な力を持っていました。

しかし、そのソ連も、1991年には、連邦を構成していた国々が次々に独立して、崩壊。そのあとを継いだのがロシア連邦です。

ソ連崩壊からロシアへ。激動の2年間を、国境をはさんだ北海道で見つめていました。

「全身やけどで、あと3日間程度の生存と診断された瀕死の幼児を助けてほしい」

１９９０年8月27日、北海道庁に緊急のテレックスが入りました。

発信主は、ソ連の極東、サハリン州のフョードロフ知事。北海道の横路《よこみち》知事にあてた治療協力を求める異例の要請でした。

幼児の名は、コンスタンチン・スコロプイシュヌイちゃん、３歳です。

私はその2か月ほど前にNHK札幌放送局に転勤し、報道番組のデスクを担当していました。当時は、サハリンから、やけどの少年をすぐに北海道に連れてきて治療するということは、とても考えられないことでした。

というのも、日本とソ連の間には、長年の懸案である北方領土問題があり、ソ連は「鉄のカーテン」で仕切られ、日本とサハリンとの間には定期交通路がまだなかった時代でした。そうした中で、人道支援とはいえ、ソ連から「ビザ(査証)なし」で緊急に受け入れるというのは前代未聞のことです。

コンスタンチン君のやけどはひどく、全身の90％に及んでいて、命の危険が迫っていました。しかし、サハリンの病院には重度のやけどを治療する専門の医師がいないばかりか、設備や医薬品も不足していました。

看護師をしていたコンスタンチン君の母親のタリーナさんが、近所のアパートに滞在していた日本人に相談しました。この男性がサハリン州政府に、北海道庁に助けを求めてはどうかと進言したことがきっかけとなり、サハリン州は、やけどの少年を日本の北海道へ緊急輸送する方針を固めました。

サハリン州知事からは「すでに日本の飛行機の飛行について、サハリン国境警備隊の許可を得ている」とのテレックスが入り、北海道庁は受け入れ準備に追われました。

北海道は、外務省に入国にあたって人道上の緊急措置を要請。さらに外務省を通じて海上保安庁に対して、サハリンからの緊急輸送を要請するとともに、先端的な救急医療に取り組んでいる札幌医科大学に受け入れを依頼しました。

翌8月28日未明、海上保安庁のYS－11型機がコンスタンチン君を緊急輸送するためにサハリンに向かいました。戦後、日本の航空機がサハリンに飛行するのは初めてでした。
その頃、札幌放送局ではコンスタンチン君の到着に備えて、空港をはじめ関係各所に中継車を配置するなど分厚い取材・放送体制を敷き、あわただしく準備を進めていました。

サハリンには、この時ちょうど、札幌放送局の入局4年目の報道番組ディレクターと技術担当者が、サハリン州テレビ・ラジオ委員会との番組取材の打ち合わせのために滞在していました。

彼らは急きょユジノサハリンスクの空港で、札幌に向けて出発するコンスタンチン君を取材したあと、コンスタンチン君の自宅アパートを訪ね、母親のタリーナさんにやけどを負ったときの状況を詳しくインタビューすることができました。

サハリンでは夏の間、集中暖房・給湯システムが止まってしまうため、多くの家庭ではバケツに入れた水に、棒の形をした電熱器を入れてお湯をわかして、風呂に使っていました。コンスタンチン君はその熱湯が入った黄色いバケツにお尻から落ちてしまったそうです。

「ママ、怒らないでね」という声で振り向いたタリーナさんは、熱湯で大やけどを負ったコンスタンチン君の姿を見つけました。

タリーナさんは、コンスタンチン君が日本の北海道で緊急治療を受けられることになったことについて、「見ず知らずの人たちのおかげで、なんと感謝したらよいか」と声をつまらせました。


この初めて取材できた映像を、どうしたら一刻も早く日本に送って放送できるのか。この時まで、サハリンから日本にテレビ映像を衛星伝送した経験がなく、容易なことではありませんでした。

海外からの衛星伝送に詳しいニュースの副部長と記者が手立てを尽くして調べてわかったことは、地球を大きく迂回して伝送する方法でした。

当時、ソ連の衛星は同時に双方向で使うことができなかったため、モスクワから地方に向けてテレビ放送を中継していない空いた時間帯を探して、サハリンから映像を送り、ソ連国内の地球局を2回経由してヨーロッパ側のウクライナから、インド洋上の衛星に打ち上げ、日本の山口で受信し札幌まで送るという方法でした。

サハリンと北海道・宗谷岬の直線距離は、わずか40キロメートルほどですが、テレビの映像は地球と通信衛星を３往復してようやく札幌に届きました。

息子の安否を気遣う母親タリーナさんの映像は、その日、全国ニュースのトップ項目で放送されました。

８月28日午前７時40分、コンスタンチン君と父親のイーゴリさんを乗せた海上保安庁のＹＳ－11型機は、ユジノサハリンスクの空港を飛び立ち、１時間あまりで札幌の丘珠《おかだま》空港に到着しました。

待機していたヘリコプターですぐに札幌医科大学病院に運ばれ、懸命な治療が始まりました。コンスタンチン君のやけどは、皮下組織までに達するやけどが全身の40％、さらに皮膚の一部が壊死《えし》を起こしている可能性が高いやけども40％にも及んでいました。皮膚の移植しか治療方法がないと診断され、移植手術は６回を数えました。

２か月後に集中治療室から出たコンスタンチン君は、テレビカメラに向かってピースサインをするまでに回復しました。

この出来事は、サハリンと日本をつなぐ〝命のリレー〟と大きく報道され、日本全国から1億円を超える義援金がコンスタンチン君に寄せられました。

ソ連のゴルバチョフ大統領が、北海道の横路知事に感謝状を贈るなど、コンスタンチン君の緊急輸送がきっかけとなり、日ソ間の〝閉ざされていた国境の扉〟が少しずつ開かれることにつながりました。

## ◆北方領土の素顔

1985年、ソ連の最高指導者となったゴルバチョフ共産党書記長は、「ペレストロイカ(再建・改革)」と「グラスノスチ(情報公開)」と呼ばれる政策を打ち出し、政治、経済、社会全般にわたる改革に取り組み始めました。

1989年には、東西分断の象徴であったベルリンの壁が崩壊し、その直後、アメリカのブッシュ大統領とソ連のゴルバチョフ書記長が、地中海のマルタ島で会談して、東西冷戦の終結を宣言しました。

こうした国際情勢の中で、ソ連と国境を接し、北方領土返還問題を抱える北海道では、東西の緊張緩和の影響がソ連の極東地域にどう広がってくるのか、そして、ペレストロイカの進展で社会がどう変わっていくのかに関心が高まっていました。NHK札幌放送局では、地域からの視点で「隣人たちの素顔」を見ていきたいと「北海道　日ソプロジェクト」を発足させていました。

北方領土が返ってくるかもしれない。そんな期待が高まっている時期でした。

北海道の北東に位置する歯舞《はぼまい》群島・色丹《しこたん》島・国後《くなしり》島・択捉《えとろふ》島の北方四島は、日本固有の領土ですが、第二次世界大戦後、ソ連による不法占拠が続き、その返還問題が日ソ間の長年の懸案となっていました。

そうした中で、ゴルバチョフ大統領が1991年4月に日本を訪問し、日ソ首脳会談を行うことになったことで、「ペレストロイカ」を掲げる大統領の指導力で、北方領土返還への糸口がつかめるのではないかとの期待感が高まっていました。

その北方領土がいま、どうなっているのか。どんな人たちが、どんな生活をしているのか。「北海道　日ソプロジェクト」では、隣人たちの素顔と北方領土の現状を映像でとらえて伝えたいと検討を続けていました。

しかし、日本人が北方領土に入ることは、日本政府から自粛を求められています。ソ連は北方四島に入るためにはソ連のビザ(査証)や許可が必要だとしていて、日本政府は、こうした手続きをとることは、あたかも不法占拠しているソ連が「管轄権」を持っており、ソ連の領土であることを認めることにつながるため、立ち入らないように要請しているからです。

したがって、日本の取材班が北方領土で取材することはきわめて特別な場合を除いてできません。

それでもなんとか北方領土のいまを知りたい、伝えたい。そこで浮かんだのが、サハリン州テレビ・ラジオ委員会の取材班に北方領土に入ってもらい、映像取材をしてもらおうという考えです。

しかし、取材内容がソ連寄りにならないか、果たして客観的な映像取材ができるのか、さまざまな懸念はありましたが、ほかに取材する方法がなく、できることからやってみようということになりました。


まず、札幌放送局の番組担当者が手を尽くして、旧島民や関係者の記憶、昔の写真などを集めました。その場所がいまどうなっているのか、現在の人々の暮らしや素顔はどうか、住民は北方領土問題をどう認識しているかなど、番組に必要と想定される取材項目を最大限洗い出しました。番組担当者は、それを持ってサハリンに行き、サハリンテレビの取材班と1週間に及ぶ粘り強い交渉と綿密な打ち合わせを重ねました。

こうして制作したのが日ソ特集「北方領土・望郷の島はいま」です。1990年9月21日に北海道内向けに放送されました。

サハリンテレビの取材は2週間。撮影したVTRは20分テープで41本、10時間以上に及びました。食料品をはじめ売る商品がほとんどない商店、住宅や水道といった生活インフラの老朽化、港湾施設も戦前のままなどの状況の中で、厳しい生活を強いられている住民の素顔。さらに、国境警備隊本部にまでカメラが入り、警備隊員の一日をとらえていました。一方で、国後島では15もの天然温泉があり、カナダやドイツなどからの観光客が来ている状況など、これまで知られていなかった北方領土の45年後の現実を最新の映像でとらえることができました。

この北方領土の映像は、その後の新たな情報を加えて、ゴルバチョフ大統領が来日する直前の1991年4月1日から、5夜連続の「シリーズ　日ソ特集」の第1回「これが北方4島だ」という番組にまとめ、全国に向けて放送されました。

北海道の住民と、北方領土の住民との草の根の交流も始まっていました。

1990年4月、北海道中標津《なかしべつ》町の若者たちが、地球の丸さを体感できることで知られる中標津町の開陽台から、国後島に向けて「光のモールス信号」を送りました。

信号の内容は「LOVE　AND　PEACE」。光のメッセージです。1キロワットの照明8基で作りました。すぐには反応はありませんでしたが、その後、札幌のソ連領事館経由で、国後島で見えていたことが知らされました。

翌月には領事館経由で「国後島からも光の交流をぜひ行いたい」という手紙が届き、国後島側の担い手は、ソ連共産主義青年同盟地区委員会の書記だとわかりました。

こうして「光のメッセージの交流」が始まりました。


北海道と国後島との間で、1991年の年明けのあいさつを「光のメッセージ」で交わせないか、そんな企画が動き出しました。4月のゴルバチョフ大統領来日に向けて外交的な調整が進んでいて、1991年は日ソ新時代になるのではないかと期待された年でした。

12月31日から1月1日にかけて放送する「ゆく年くる年」の中で、そうした時代への期待を踏まえ、光のメッセージを生放送することが決まりました。

中継場所は北海道東部の野付《のつけ》半島。国後島までは海上直線距離でわずか16キロメートルです。大みそかの野付半島の海岸は地面がカチカチに凍り、あたりには夏の間に使う番小屋しかない吹きさらしで、氷点下10度を下回る寒さ厳しい世界でした。

北海道側の準備やテストは順調に進んでいました。しかし対岸の国後島からは、光の交信の準備が出来たらアマチュア無線で連絡してくることになっていましたが、夜になっても何の連絡もありません。

日本時間午後11時過ぎになって突然、アマチュア無線機からロシア語が聞こえました。

「いま、到着。大雪のため、投光器を積んだトラックがなかなか海岸へ下りられず、時間がかかってしまった。準備を急いでいる」

通訳の言葉を聞いて、少しほっとしましたが、生放送は最後まで何が起こるかわかりません。

新しい年、1991年1月1日の午前0時をまわり、北海道と国後島との間で交わされる「光のメッセージ」の中継が始まりました。「A HAPPY NEW YEAR」。北海道の若者たちがモールス信号で光のメッセージを送ります。

私は中継車の中で、中継全体を見ながら、国後島からのメッセージがテレビ画面で見えた時に、アナウンサーにコメントの合図をすることになっていました。

中継の残りの持ち時間が迫る中、対岸でわずかに照明弾のような光が見えたと感じた瞬間、反射的にアナウンサーに合図を出していました。

「新年、おめでとう！」

日本とソ連にとって新しい時代を迎える年になるのではないかとの期待感が高まる中で、1991年は始まりました。

## ◆ロシア大統領と根室の市民、直接対話

1991年4月、ゴルバチョフ大統領が来日し、海部俊樹内閣総理大臣と日ソ首脳会談を行いました。

発表された日ソ共同声明で、ソ連側が初めて領土問題の存在を公式に認め、交渉の対象は北方四島であることが明記されました。

ゴルバチョフ大統領からは日本国民と北方四島住民の間の交流の拡大や訪問の枠組みの設

定などが提案されました。これにより、元島民などの〝ビザ（査証）なし交流〟が活発に行われるようになりました。

「北方領土問題」は新たなスタートラインに立ち、継続的な返還交渉に向けて動き出す機運が高まりました。


しかし、ソビエト連邦内部の政治状況が大きく動いていました。

ゴルバチョフ大統領が推し進めた政策、「ペレストロイカ（改革）」と「グラスノスチ（情報公開）」により、ソビエト共産党による一党独裁体制下で腐敗した政治体制の改革などが進むとともに、国民の間では民主化を求める声が高まっていました。

こうした中で、ソビエト共産党内部の穏健改革派と保守派の対立が激化。ゴルバチョフ大統領が、別荘に軟禁される事態が発生しました。モスクワ中心部には戦車部隊が出動し、国営放送局のモスクワ放送も占拠されました。のちに〝ソ連8月クーデター〟と呼ばれる出来事です。

翌日には、モスクワで市民10万人が集まるなど、各地で市民デモや労働者のストライキが広がる中で、クーデターは失敗。

ゴルバチョフ大統領は救出されましたが、クーデターの首謀者たちがゴルバチョフ大統領の側近だったために、ゴルバチョフ大統領とソビエト共産党の信頼は大きく失墜しました。

こうした流れを受けて、ソビエト共産党は活動を全面停止し、１９９１年12月25日、ゴルバチョフ大統領が大統領を辞任。ソビエト連邦は崩壊しました。


ソビエト連邦の崩壊にともなって、ロシア共和国がロシア連邦となり、エリツィン氏が初代大統領に就任しました。そのエリツィン大統領が１９９２年9月に来日する予定が決まり、あらためて「北方領土問題」への対応が注目されました。

そこで、ＮＨＫでは来日前のエリツィン大統領と、日本の市民を直接テレビ中継で結んでインタビューする特集番組を企画して、ロシア側と交渉を重ねました。その結果、エリツィン大統領はモスクワの大統領府があるクレムリンからの中継、日本側は北方領土に接する根室の市民と、ロシアと貿易関係の深い新潟の市民との対話で進めることでまとまりました。

衛星中継インタビュー「エリツィン大統領　ここが聞きたい」は、1992年9月6日に放送されました。私はこの番組を収録する東京のスタジオの副調整室で立ち会っていましたが、エリツィン大統領の表情が、北方領土の旧島民を含む根室の市民との対話の中で、みるみる硬くなっていったことをいまも覚えています。

根室の市民からは、北方領土返還を強く求める声が相次ぎました。その声に対してエリツィン大統領は「(私のもとには領土交渉打開のための)14の提案があるが、どれを選択するか難しい。あらかじめ言っておくが、北方の島が私の訪問中に引き渡されるとは考えないでもらいたい」と述べました。

旧島民の声に対してエリツィン大統領は「私はロシアの1億5000万人の希望も考慮しなければならない」と語り、領土問題でロシア国内の世論を無視するわけにはいかないという立場を明確にしました。

番組の最後、司会者の質問に答えてエリツィン大統領は「予定通り日本を訪問する」と明言しました。

しかし、その3日後。「ロシア国内の諸般の事情から延期せざるをえなくなった」として、エリツィン大統領は突然、日本訪問を延期しました。

それから25年。日本とロシアの間で、外交的に動くきっかけはいくつかありましたが、北方領土問題は依然として解決されていません。

日ソから日ロへという大きな時代の変わり目。私が番組制作を通して経験した激動の2年あまりを振り返ってみて、あらためて「マスメディアだからできること」の意味を実感しています。

## ◆「昭和」から「平成」へ

「平成」という時代が、2019年(平成31年)4月30日に終わり、翌5月1日から次の元号に移行することになりました。

これは、天皇陛下が84歳とご高齢になられ、「今後公的なご活動を天皇として自ら続けられることが困難となることを深く案じておられる」ことなどから、「天皇の退位等に関する皇室典範特例法」という法律に基づき、天皇陛下の退位の日程が決まったものです。

30年あまり続いてきた「平成」も終わることになり、新たな時代の節目を迎えることになります。

いまから30年前の「昭和」から「平成」へと変わる時代の節目は、テレビにとってこれまで経験したことのない初めての出来事でした。

1988年（昭和63年）9月18日日曜日、昭和天皇は東京・国技館で開かれていた大相撲9月場所の観戦予定を急きょ中止されました。高熱が続いているためとの理由でした。

折しも韓国のソウルでオリンピックが開かれていて、テレビは連日、オリンピックの熱戦を中継で伝えている時でした。

昭和天皇は87歳とご高齢であったため、新聞やテレビ各社は、昭和天皇が崩御されたもしもの時に備えて、さまざまな検討を続けていました。

NHKでは、「昭和史」という局内の呼び名のもと、編成のあり方や、放送番組の検討、用語の使い方などをはじめ、視聴者のみなさんに何をどう伝えていくべきかを検討していました。

大相撲観戦中止という前日の動きを受けて、念のため、翌9月19日の夜、報道の初動に関わる職員に訓練のための招集をかけ、これまでの検討内容を確認することが急きょ決まりました。

関係する職員が訓練のため次々に出局してきた頃、思いもよらぬ情報が入ってきました。昭和天皇が午後10時前、突然の大量吐血をされたという情報です。

「これは訓練ではなく本番だ」という指示が飛び交うニュースセンター。この夜から、終夜放送で昭和天皇の病状や動きを伝えるニュース報道が始まりました。

さかのぼって、「大正」から「昭和」に変わった時は、１９２５年（大正14年）に日本でラジオ放送が始まったばかりで、大正天皇の崩御は、宮内省から発表された内容をそのまま原稿で読む形で国民に伝えられました。大正天皇の「大喪《たいそう》の礼」もラジオの実況放送は許されず、スタジオで原稿を読むという時代でした。

今回は、時代の変わり目を報道機関としてみずからの取材に基づいて、テレビで報道するという初めての経験になります。

私は、急きょ「昭和史事務局」に加わることになりました。事務局は、全国のNHKから職員を集め、皇居や総理大臣官邸などへの24時間の取材、中継放送体制をとりながら、懸案事項を一つ一つ詰める仕事です。

もし天皇が崩御された場合は、何日くらい特別編成をするのか？　その時はどんなニュース、番組を放送するのか？　その準備は？　伝えるアナウンサーや出演者の用語は？　服装は？……。

テレビでは初めての経験だけに詰めるべきことがたくさんありました。

昭和天皇はその後も吐血と下血を繰り返され、毎日午前と午後の2回発表されるご容体をもとに報道が続きました。

この頃、〝自粛ムード〟が日本中を覆いました。街でネオンが消える。テレビ番組からは歌番組などエンターテインメント系番組が消える。自動車のテレビコマーシャルでは「みなさんお元気ですか？」という言葉を差し替え。プロ野球でリーグ優勝した中日と西武が〝ビールかけ〟を自粛。大学の文化祭でも派手なイベントを自粛。会社の忘年会や新年会の自粛……。

〝自粛〟が行き過ぎているという批判もあり、時間がたつにつれ、徐々に落ち着いていきました。こうした中で、多くの国民、視聴者の気持ちに寄り添いながらどう伝えていくかがテレビ報道の課題でした。

１９８９年（昭和64年）１月７日。ＮＨＫでは、昭和天皇が深刻な状態になられたという独自の情報をもとに、午前５時24分からニュース特別番組の放送を始めました。「午前６時33分に昭和天皇が崩御された」と、午前７時55分に宮内庁長官が発表しました。

この時から、皇居や総理大臣官邸などの最新の動きや、新元号「平成」の発表などのニュースを伝えるとともに、映像で伝える「激動の昭和の記録」「昭和天皇ゆかりの人々」などの特集番組を２日あまりにわたり、特別放送しました。

そして、即位した新しい天皇がお言葉を述べる「即位後朝見の儀」が昭和天皇崩御から2日後の1月9日に皇居・宮殿で行われました。私はこの中継の準備のために連日皇居に通っていました。

中継にあたって大きな課題が浮かび上がっていたからです。それは音声でした。「大正」から「昭和」に変わり、1926年(昭和元年)に昭和天皇が行った「即位後朝見の儀」では、当時の記録に音声マイクがなかったので、今回も置くことはできないと、儀式をつかさどる式部職から告げられていたからです。

即位した新しい天皇陛下のお言葉を伝える儀式が映像のみで、音声がないということは、テレビ報道に携わる者として考えられず、歴史的な映像記録としてもきちんと残すべきだと繰り返し話し合いを続けましたがなかなか打開できませんでした。

そこで、技術担当者と検討を重ねる中で、ある考えが浮かびました。「平らな形をしたフラットマイク」を天皇陛下が立たれる白いじゅうたんの中に埋め込むことができないか。これならば、見た目で音声マイクがあることがわからないのではないか。

話し合いを重ねた結果、この案でなんとか了承を得ることができました。

それ以降、音声を明瞭にとるためにマイクの指向性をきちんと計算しながら、白色に塗った新しいマイクの開発を続け、1月9日になんとか間に合いました。

白いじゅうたんの中に埋め込まれた白色のマイクは、天皇陛下のお言葉をとらえました。

「みなさんとともに日本国憲法を守り、これに従って責務を果たすことを誓い、国運の一層の進展と世界の平和、人類の福祉の増進を切に希望してやみません」

この映像と音声はいまでも、インターネットのNHKアーカイブス「みのがし　なつかし」で見ることができます。

2月24日。雨が降りしきる中で、昭和天皇の「大喪の礼」が行われました。

皇居を出発する葬列。各国の要人が参列し、新宿御苑で行われた「大喪の礼」。そして、陵所となる東京・八王子市の武蔵野陵まで。テレビは、昭和天皇の最後の日を中継放送で記録を続けました。

## ◆平成の両陛下

1992年(平成4年)10月23日午後1時40分、天皇皇后両陛下は中国・北京に到着されました。日本と中国の間の長い交流の歴史の中で、天皇陛下が中国を訪問されるのは初めてのことです。

日中国交回復20周年のこの年、4月に中国の江沢民総書記が日本を訪れた際に、天皇陛下の中国訪問を要請しました。しかし、日本と中国の間には、日中戦争をはじめとする過去の歴史問題が横たわっていました。そのため、天皇陛下の中国訪問については、国の内外にさまざまな反対意見がありました。そうした中で、宮澤喜一内閣が訪問を決定。天皇陛下が中国で、どんなお言葉を述べられるのか注目を集めました。

私は「昭和史」以来、皇室プロジェクトに関わっていた関係で、天皇皇后両陛下の中国訪問を北京から伝えるため、現地のチーフ・プロデューサーとして、ニュースと特別番組の放送準備と制作にあたりました。

　海外からのテレビ中継放送は、東京から放送と技術の担当者が少人数で現地に入り、現地の放送局に機材とスタッフの協力を求めて実施しています。今回はＮＨＫがニュース交換などを行っている中国中央電視台（ＣＣＴＶ）の協力を得て制作することになりました。

　当時は、テレビ映像を日本に送る国際衛星回線がきわめて限られていたため、北京のメディアセンターにあるＮＨＫの北京支局のスタジオに北京の中継映像をつないで、番組全体をアナウンサーと記者が北京の特設スタジオから伝える形をとりました。

　当日は北京から、両陛下が初めて中国の地に降り立つ「北京首都空港到着」の特別番組、人民大会堂前で行われる「歓迎式典」の特別番組、そして夜行われる「楊尚昆《ようしょうこん》国家主席主催の晩さん会」の特別番組と、１日に３本の特別番組を北京から放送しました。一連の歓迎行事の生中継を通して、天皇皇后両陛下の初めてのご訪問が中国でどう受け止められているか、日本の視聴者のみなさんに伝えたいと考えたからです。

　天皇陛下は晩さん会で次のようなお言葉を述べられました。

「この両国の関係の永きにわたる歴史において、我が国が中国国民に対し多大の苦難を与えた不幸な一時期がありました。これは私の深く悲しみとするところであります。戦争が終わった時、我が国民は、このような戦争を再び繰り返してはならないとの深い反省にたち、平和国家としての道を歩むことを固く決意して、国の再建に取り組みました」「両国の先人たちを始めとする多くの人々の情熱と努力によって、将来にわたる末長い平和友好を誓い合う関係が生まれ、広範な分野での交流が深まりつつあります。私はこのような両国民間の関係の進展を心から喜ばしく思うとともに、この良き関係がさらに不動のものとなることを望んでやみません」

このように、天皇陛下は「戦争への深い反省」と、「末長い平和友好」を表明されました。

天皇皇后両陛下は、平成を通じて、戦後の節目ごとに「慰霊の旅」を重ねてこられました。戦後50年にあたる1995年(平成7年)には、東京、広島、長崎、沖縄の慰霊施設で、その前年には硫黄島で戦没者をしのばれました。海外では、戦後60年にあたる2005年(平成17年)にはサイパン、戦後70年にあたる2015年(平成27年)にはパラオ、ペリリュー島。そして翌2016年(平成28年)には、フィリピン、ルソン島で戦没者を慰霊されました。

さらに〝平成流〟とも言える両陛下と人々との交流を現場で直接取材する経験もありました。

中国訪問の翌年、1993年(平成5年)9月、天皇皇后両陛下はイタリア、ベルギー、ドイツのヨーロッパ3か国を親善訪問されました。私は17日間、宮内記者会の一員として両陛下に同行取材をする機会がありました。

9月5日、両陛下がイタリアのフィレンツェ近郊の町、トスカーナ州のピストイア市を訪れた時のことです。市立音楽学校で生徒の演奏をお聞きになられていた皇后さまが、突然、ピアノに向かわれました。

そして、生徒の求めに応じて、グノー作曲の「アベマリア」をみずから演奏されたのです。取材していた記者は、突然の出来事に驚きました。

実はその8年ほど前に、皇后さまは岐阜県白川町《しらかわ》で開かれた小さな国際音楽祭に出席された際に、イタリアの音楽学校の生徒さんたちとの交流が生まれ、再会を楽しみにされていたとのことでした。

公式行事の間に、こうした市民たちとの出会いや交流が各地で見られ、〝平成流の親善訪問〟が印象付けられました。

## ◆皇太子さま雅子さま、結婚パレード中継

1959年(昭和34年)4月に行われた、当時の皇太子さまと美智子さまの結婚パレード中継は、テレビが家庭に急速に普及するきっかけになったと言われます。同時に、パレードの中継でカメラレールを敷いて移動撮影をするなど、日本のテレビ中継技術の進歩に大きく貢献しました。

1993年(平成5年)1月、正月あけ早々に〝皇太子妃に外交官の小和田雅子さん決定

へ〟という報道が駆け巡りました。ＮＨＫでは早速、皇室プロジェクトでご結婚関連の中継番組についての検討を始めました。

前回の結婚パレードから34年。その間に、さまざまな新しいテレビ技術の開発が進んでいます。当時のテレビは白黒でしたが、その後カラー放送になり、さらにテレビの画質と音質が格段に優れた次世代のテレビと言われた〝ハイビジョン〟の試験放送が始まっていました。

いままでは、デジタル・ハイビジョンが標準放送になっており、ほとんどの家庭に普及しています。しかし、１９９３年（平成5年）当時のハイビジョンは、衛星放送を通じて試験放送が始まった段階で、受信機が1台１００万円もする時代でした。

放送局の設備も、開発中の機材を含めて、当時あったすべての機材をかき集めてもハイビジョンカメラが55台あまり、ハイビジョン中継車も仮設を含めて10数台しかなく、まだまだ始まったばかりのメディアでした。

そのような状況でしたが、皇太子さま雅子さまの結婚パレードの放送は、次世代のテレビの実用化に向けて、機材を総動員して、初めてのハイビジョン大規模中継番組制作に挑戦することになりました。

この機会に高画質・高音質のハイビジョンを多くの視聴者に知っていただくと同時に、こうした大きな中継オペレーションで経験を積み、きめ細かな映像記録を後世に残し、これからのテレビの進化につなげたいと考えたからです。

準備を始めてみると次々と難問が出てきます。ハイビジョンは、放送衛星を使って試験放送を始めていると言っても、まだまだ開発途上の機材です。

皇居・賢所《かしこどころ》で行われる「結婚の儀」や、パレードが行われる皇居から赤坂御用地までの4・2キロメートルの沿道にテレビカメラを配置していきますが、当時あったハイビジョンカメラをすべてかき集めても使えるのは55台あまりしかありませんでした。

皇太子さま、雅子さま、お二人の表情や沿道の人々の表情を多彩な映像で伝えるためには、当時この規模の中継では90台ぐらいのカメラ配置が必要でした。ハイビジョンは当時のテレビ方式(NTSC525)と比べると、映像のきめ細かさが格段に優れていて画面の隅々まで見えるので、カメラの切り替えは少なくし、長いカットでじっくり伝えた方が良いと言われていました。

それにしてもパレードの映像をつなげて伝えるためには、要所、要所で高い建物の上からパレードを望遠で撮影するカメラの映像をはさむ必要がありました。しかし、高所は警備上の問題があって、なかなか許可が下りません。警視庁の担当者と、パレードが予定されるルートを何度も何度も歩き、一つ一つの建物を下見して交渉を重ねる毎日が続きました。

皇太子さま雅子さま結婚パレード　Ⓒ時事

また当時は、ハイビジョンの映像を中継車から放送局に送るためには、光ケーブルを使う必要がありました。技術担当者が、光ケーブルを立ち上げることができる沿道の建物を一つ一つ探して交渉を重ねました。最終的に使用した光ケーブルの総延長は150キロメートルにも及びました。

同時に、ヘリコプターから撮影したハイビジョン映像を生中継で放送することや、ハイビジョンのワイヤレスカメラを使って皇居前広場の表情を伝えるなど、初めての挑戦が続きました。

こうして制作したハイビジョン中継映像を、衛星を使ったハイビジョン試験放送の特別番組で伝えながら、この映像を当時のテレビ方式に変換して、総合テレビの特別番組で同時に使うという本格的な一体化制作に初めて取り組みました。

ハイビジョンは画質がきめ細かいので、少しルーズショットで全体を伝える映像で臨場感が伝わりました。しかし当時、総合テレビはアナログのテレビ方式でしたので、ハイビジョンほど画質が鮮明ではなく、ルーズな映像だけでは臨場感を伝えることが難しい状況でした。そこで、ハイビジョンを変換した映像とともに、当時のアナログのテレビ方式のカメラを30台ほど追加して、沿道でアップサイズを撮るなど、中継放送をより立体的に伝えるための工夫を凝らしました。

1993年(平成5年)6月9日、東京は雨の朝でした。「結婚の儀」が終わり、午後のパレードの出発直前には雨が上がりました。皇居前広場から赤坂御用地までの沿道には、およそ19万人が出て、オープンカーに乗られた皇太子さま雅子さまを祝福しました。

中継までの準備期間はわずか5か月。実現にはかなりハードルが高いと思われていた次世代テレビ、ハイビジョンによる大規模中継はスタッフ全員の総力戦で課題を一つ一つ解決し、実を結ぶことができました。

この日、ご結婚パレードの最高視聴率は、ＮＨＫと民放をあわせテレビ全体で79・２％（ビデオリサーチの調査）に達しました。テレビだからできることを実感した一日となりました。

今後、天皇陛下の退位に向けた具体的な動きが始まり、「平成」も新たな時代に向けた節目を迎えることになります。

「平成」の時代、放送は次世代のテレビと言われたハイビジョン放送に本格的に取り組み、２０１１年（平成23年）７月24日には、東日本大震災の関係で東北３県を除いて、地上テレビのアナログ放送が終了。東北３県も２０１２年（平成24年）３月31日にアナログ放送が終了して、日本のテレビ放送は完全にデジタル・ハイビジョンに移行しました。

「平成」から「次の時代」へ。放送は、いまのハイビジョン画質に比べてさらに高画質、高音質の「４Ｋ・８Ｋ　スーパーハイビジョン」の時代に向けて、新たな取り組みが進められています。

第７章

# 多様な意見をどう生かすか

## ―― テレビと政治の現実 ――

## ◆「コクタイ」とは

みなさんは「コクタイ」という言葉を知っていますか。

アマチュアスポーツの「国民体育大会(国体)」を思い起こす人もいらっしゃるでしょうが、ここでの答えは「国会対策委員会(国対)」のことです。各政党には国会対策委員会という組織が置かれていて、各党の国会運営についての責任を持っています。

では、「ギウン」とは何でしょうか。国会の衆議院と参議院に置かれている常任委員会の一つで「議院運営委員会(議運)」と言い、本会議の日程や法律案の採択など、議院の運営について議論し決定する委員会です。

「リジカイ」「リジコン」とは？　国会の各委員会を開会する前に各会派の理事が集まって委員会の日程等を決定するのが「理事会」、理事が集まって非公式に話し合う場が「理事懇談会(理事懇)」ということになります。与党の理事が集まって協議する「ヨリコン(与党理事懇談会）」などもあります。

私はＮＨＫに入局して４年目。１９７９年に東京に転勤になり、報道局報道番組部の政治番組班に配属になりました。政治番組班は、記者クラブなどに所属して取材する政治部の記者の仕事とは違い、「国会中継」や「日曜討論」などの政治番組から、政治や政治家が関係する「特別番組」「クローズアップ現代」「ＮＨＫスペシャル」まで、政治分野に関連するさまざまなニュースや番組の取材・制作を担当するディレクター（ＰＤ）集団です。

実は新人時代、私は自然科学に関連する分野の番組を作りたいとこころざしていましたが、なぜか政治番組に異動になりました。当時の上司に理由を聞くと「本人希望はあくまで希望。人事異動は別、適材適所というものだ」とはぐらかされてしまいました。それから通算して13年あまり政治番組を担当することになるとは、その時は思ってもみませんでした。

いきなり悩まされたのが、「コクタイ」「ギウン」……などという全く聞きなれない言葉です。日本の国会には衆議院と参議院の２つがあることは知っていましたが、国会正面から見て左、右のどちらがどの院かも知りませんでした。それぞれの役割もよくわからず、まずは高校の政治経済の参考書を買って、一から勉強を始めました。

最初に担当したのが「国会中継」です。みなさんは、衆議院や参議院の「本会議」や「予算委員会」などのテレビ中継を見たことはありませんか。

ただ国会の会議を中継しているだけではないかと思われるかもしれませんが、これが担当してみると思った以上にたいへんなことなのです。国会には決まりごとがたくさんあります。

国会の本会議が開かれる前には、「議運(議院運営委員会)」が開かれ、その日の本会議の日程が決まり、開会時間が決まります。そして、本会議の開かれる前に「ヨレイ」が院内に鳴り響きます。

この「ヨレイ」は「予鈴」と書きますが、衆議院では開会時刻の10分前に、参議院では5分前に鳴ります。開会時刻を告げる「ホンレイ(本鈴)」と同時に、衆議院では扉が開かれ議員が入場を始めます。参議院では、5分前の予鈴とともに扉が開かれ、議員が入場を始めます。

このように衆議院・参議院ではことごとく議院の規則やルール等が違います。

いまも苦い思い出があります。「国会中継」を放送するためには、本会議や委員会が時間通りにきちんと開会されることを事前に確認しなければなりません。衆議院本会議で行われる政府演説に対する各会派の「代表質問」中継の時のことでした。

その日私は、放送を始めるための「情報取り」を担当していました。正午に開かれた「議運」で本会議は午後1時開会と決まり、議事日程も特段いつもと変わることはありません。10分前に「予鈴」が鳴りました。質疑を行う各会派の質問者も、答弁する総理大臣をはじめ閣僚も、すでに国会内に入っていることが確認できました。そこで、私は国会中継の送出スタジオにいる番組の責任者、チーフ・プロデューサーにそのことを報告し、午後1時放送開始が決まりました。

しかし、朝のドラマの再放送が終わり、午後1時、放送画面が本会議場に切り替わりましたが、「本鈴」が鳴らず、議場の扉が閉まったままです。

何が起きたのか。真っ青になって情報を求めて駆け回りました。放送はすでに始まってしまっているので、とにかく、誰もいない本会議場の映像に、アナウンサーがきょうの代表質問の予定などをコメントしてつないでもらっています。

何が起きているのか。議長室に駆け込み、衆議院の事務局の担当者に聞くと、直前に、ある会派から代議士会が延びているので開会を5分遅らせてほしいという連絡があり、議長が了承したことがわかりました。

この時になり、1時5分には「本鈴」が鳴り、予定通りの本会議が開会されるという確認ができ、あわててチーフ・プロデューサーに連絡を取りました。とにかく5分間、放送をつながざるをえない。誰もいない議場の映像のバックで、アナウンサーにコメントを繰り返してもらってなんとか乗り切りました。

その日の放送が終わってから、チーフ・プロデューサーから言われた言葉をいまも鮮明に覚えています。

「国会は、一寸先は闇。いつでも何が起こるかわからない。最後の最後まで気を抜くことはできない。5分あればニュースが放送できた。視聴者に意味のわからない情報を伝えるわけにはいかないことをよく覚えておくように」

国会では、与野党が法案の採決や閣僚の答弁内容などをめぐって対立して、委員会や本会議の審議が止まったり、開かれなかったりすることが何度もあります。その時、視聴者のみなさんに伝えるべき必要な情報とは何か。そのたびに、私はこの経験を思い出します。

では、なぜＮＨＫが「国会中継」を放送しているのでしょうか。いまでは、インターネットを通じて、衆議院や参議院のホームページから、すべての委員会や本会議の審議中継を見ることができます。

それでもなぜテレビを使って、通常放送している番組を休止し、「国会中継」を放送する必要があるのでしょうか。

国会は、国民が選挙で選んだ議員によって組織され、日本国憲法で「国権の最高機関」と位置付けられています。国会で議決され、成立した法律等は、すべての国民の権利や義務に関わり、日々の国民生活全般に大きく影響を与えます。

そのため、視聴者のみなさんの受信料で支えられている公共放送として、新たな法案や国民生活全般に関わる審議が国会でどう行われ決定されていくのか、その過程をきちんと伝えることによって、視聴者のみなさんの判断の材料にしていただくことが健全な民主主義社会の発展に不可欠だと考えているからです。

国民の多様な意見をどう政治の場に反映していくか、テレビの大きな役割の一つです。

ですから「国会中継」は国が行っているものではなく、NHKの独自の編集判断に基づいて放送している「報道番組」です。その点が選挙の際、公職選挙法でNHKと民放に放送することが義務付けられた「政見放送」とは明確に違います。

## ◆日曜日の朝、政治が動く

みなさんは「日曜討論」という番組を見たことがありますか。

日曜日の午前9時から、NHK総合テレビで放送している政治討論番組です。その始まりは古く、テレビでは1957年から「国会討論会」などの番組名で放送を続けています。ラジオでは、戦後まもなくの1947年から放送されています。

私は、ディレクターとして、そしてチーフ・プロデューサーとして、多くの回の制作に携わりました。討論番組では、毎週、放送するテーマを決めることに多くの力を使います。

次の日曜日に視聴者が一番知りたいと思われるテーマは何か。政治はもちろんですが、経済や国際関係、安全保障、事件や事故などの社会問題、国民生活に関わる問題、どんなテーマでも考えられます。大事なのは、そのテーマをなぜその週に取り上げるのかというタイミングの必然性と討論の論点を絞り、出演者を決めることです。

テーマが決まるとそれに一番ふさわしい出演者を選びます。討論ですから意見や専門分野の異なる多様な視点が必要です。そうしたことを考えながら取材を続け、番組を組み立てていくのです。

政治討論番組に大きな転機が訪れたのは1987年頃からです。

テレビ朝日系列で「朝まで生テレビ」という番組がスタートしました。日の丸・君が代、靖国問題、憲法9条と自衛隊、安全保障、原発……など、社会的に意見が大きく分かれているテーマを毎回取り上げ、政治家や言論人、専門家といった多彩な論客が、深夜から早朝まで月1回、長時間の討論を繰り広げています。発言者の本音をぎりぎり詰めていく田原総一朗さんの司会ぶりとパネリストの激論。討論番組の新たな形が生まれ、視聴者の関心を集めていきました。

そして1989年からは日曜日の午前10時に、同じテレビ朝日系列で田原総一朗さんが討論の司会をする「サンデープロジェクト」が始まりました。さらに、1992年にはフジテレビ系列で、日曜日の午前7時半から「報道2001」も始まり、日曜日の朝は、3つの放送局で連続して討論番組が放送されることになりました。

当時は日本の政治の激動期でした。リクルート事件や東京佐川急便事件など、政治家に対する企業からの多額の政治献金問題などが相次いで発覚し、「政治とカネ」の問題が大きな政治課題となり、政治改革の機運が高まっていました。

そうした中で、1993年6月には、政権与党の自由民主党の中からも小沢一郎氏、羽田孜《つとむ》氏ら39名の賛成者が出て、宮澤喜一内閣の内閣不信任案が可決され、衆議院議員選挙に突入しました。

選挙の結果、自民党は過半数を大きく割り込み、「日本新党」をはじめとした8つの政党・会派が結集して非自民の野党連立を組み、細川護熙《もりひろ》内閣が誕生しました。

これによって、1955年から38年政権を担当してきた自民党が初めて野党に転落しました。日本の政治史の中で〝55年体制の終焉《しゅうえん》〟としていまも大きな節目となっています。

その後も、大きな政治の動きが続きます。1994年には、自民党が政権復帰をめざし、〝55年体制〟で自民党と鋭く対立してきた日本社会党と、新党さきがけとともに〝自社さ連立政権〟を組み、社会党の村山富市委員長が内閣総理大臣に選ばれました。その時、社会党はそれまでの政策を大きく転換し、「自衛隊合憲、日米安全保障条約堅持」にかじを切りました。

さらに「自民党をぶっ壊す」「私の政策を批判する者はすべて抵抗勢力」と熱弁を振るっ

て旋風を巻き起こした小泉純一郎氏が内閣総理大臣に就任。2002年9月には、北朝鮮を電撃的に訪問して、初の日朝首脳会談を行いました。この会談で、キム・ジョンイル（金正日）総書記は、北朝鮮による日本人拉致を初めて公式に認め、翌月、拉致被害者5人が帰国しました。

政策面でも消費税の導入や税率アップなど、国民的な関心が高い大きな政治課題が続きました。

こうした政治に大きな関心が集まる激動期に、日曜日の朝の3つの討論番組が注目されました。各党の幹事長・書記局長などの幹部が出演する時は、3局に連続して生放送で出演することが何度もありました。

まず午前7時半から港区お台場のフジテレビで「報道2001」。黒岩祐治さん（現在の神奈川県知事）の司会で討論開始。8時半過ぎにフジテレビを出て、レインボーブリッジを渡って一斉に移動。9時前には全員、NHKの千代田放送会館に到着し、山本孝解説委員の司会で「日曜討論」に出席。さらに10時過ぎには港区六本木のテレビ朝日に移動して、田原総一朗さんの司会で「サンデープロジェクト」に出演。マスコミ各社の記者やカメラマンも、取材のために政治家と一緒に一斉に移動しました。

日曜日の朝、視聴者のみなさんが見ている中で、午前中いっぱい、同じメンバーで討論が続くわけですから、各党幹部は同じ答えだけを繰り返すわけにもいかず、重要法案についての踏み込んだ発言や国会運営についての重要な判断などが、それぞれの番組で飛び出します。

それを、新聞やテレビなどのニュースで報道し、月曜日以降の新たな政治の動きにつながるというような状況が生まれました。

それだけに日曜討論を担当する我々は、他社の番組とはどう違う質問やアプローチをして政治家の〝本音〟を引き出せるか、公共放送としての役割を考えながら知恵を絞りました。

当時も、テレビは政治家に利用されているのではないか、テレビはわかりやすいことだけを面白く伝えているだけなのではないかという批判はありました。しかし、それまで政治の議論は国会の中に閉じこもりがちでしたが、テレビを通して視聴者、国民が見ている前でキーマン同士が討論を展開することによって、テレビが、国民と政治との距離を近づける役割を果たしたのではないかと考えています。

## ◆政治家と政治の現実

みなさんは、国会議員と直接会ったことや、話したりしたことはありますか。

選挙の時、街角で見かけたことがある程度で、会う機会はほとんどないというような方が多いのではないでしょうか。政治家のイメージも、秘書に暴言を吐く議員の姿が報道されたりして、なかなか近づきにくい存在と考えている方もいるのではないでしょうか。

そもそも、政治は難しそうで、よくわからないという方も多いと思います。私も政治番組を担当するまではそう思っていました。しかし、国会で法律が改正されたり、新たに作られたりすると、私たち国民の生活のすべてに影響を与えます。それだけに、ふだんから政治や政治家の動きに関心を持っていることが大事だと思います。

2016年7月に第24回参議院議員選挙が行われました。この選挙から、投票できる選挙権年齢がそれまでの「20歳以上」から「18歳以上」に引き下げられました。

初めて投票に参加することになった18歳の投票率は51・28％。19歳は42・30％。参院選全体の投票率54・70％には及びませんでしたが、20歳代の35・60％よりは高い水準でした。

選挙権年齢が引き下げられて2回目になる２０１７年10月の第48回衆議院議員選挙の投票率はどうだったでしょうか。総務省が発表した投票率によると、18歳が47・87％、19歳が33・25％となっており、衆院選全体の投票率53・68％を下回っています。

２０１６年に初めて投票を経験した18歳の若者が２０１７年には19歳になっています。この年齢の若者の投票率に限ってみると、進学などで親元を離れた後、住民票を現住所に移していない学生も多いなどの事情が考えられるとはいえ、51・28％(参院選)から33・25％(衆院選)へとかなり低下しています。

いずれの選挙も、有権者全体のおよそ半数しか、投票していないのが日本の現実です。

日本の国会議員の定数は、衆議院議員は２０１７年の選挙から10人削減され、４６５人となりました。参議院議員が２４２人です。さまざまな経歴や考え方を持った多彩な人物が選ばれています。

私は政治番組の取材・制作などで、多くの議員を知る機会がありました。私がNHKに入局した1975年から、この40年あまりで、内閣総理大臣だけでも三木武夫氏から安倍晋三氏まで22人変わっています。

中でも、田中角栄内閣の外務大臣として日本と中国の国交回復に貢献し、その後、1978年から、内閣総理大臣になった大平正芳氏のことを新人時代の私は鮮明に記憶しています。必ずしも弁舌がさわやかとは言えず、考えながら話すたびに「アー」「ウー」という言葉が交じり、「アーウー宰相《さいしょう》」とも言われていました。

当時、「総理にきく」という政治番組で、作家との対談をした時のことです。「アーウー」という言葉は交じっているのですが、その言葉を除くと見事に論理的な文章となっていることに気が付きました。日本がこれからの進むべき道を切々と語っていました。

その大平氏は、自民党内の抗争が続く中で、1980年の選挙中に総理大臣在任中に亡くなりました。

このように、国会議員の中には、もちろん見識の優れた人物も多いのですが、中にはなんでこの人が国会議員にと考えてしまいたくなるような人物も、時折報道されます。
ですが、2017年の衆議院の小選挙区選挙の結果をみても、いずれの議員も5万9000人から15万人を超える有権者に名前を書いてもらって選ばれているのです。

日本の政治家のあり方が大きく変わったのは、衆議院に小選挙区選挙が導入されて以降だと思います。「政治とカネ」をめぐる問題が相次ぎ、政治改革への機運が高まっていた1994年に公職選挙法が改正され、衆議院に「小選挙区比例代表並立制」が導入されました。そして1996年の衆議院議員選挙から実施されました。

それまでは、衆議院は「中選挙区制」と言われる、1つの選挙区で原則3〜5人の議員が選ばれる選挙制度でした。この制度では、有権者の多様な意見が反映されやすく、政治家が選挙のことばかり気にせず、教育、社会保障、財政と負担などの中・長期的な政治課題や、外交などすぐに票には結びつかないと思われる政策にもじっくり取り組むことができるなどの利点があったと言われています。一方で、1つの政党が複数の候補を立てて争うことになるため、派閥が大きな力を持ち、政治に金がかかり、「政治とカネ」をめぐる問題を生みやすいなどという批判がありました。

選挙制度は各党の獲得議席に大きく関わります。国会での政治改革と選挙制度についての激しい議論の末、「小選挙区制」が導入されました。

小選挙区制では、1つの選挙区で当選するのは1人です。そのため、個人を選ぶというよりも政党を選ぶ選挙の色彩が強くなります。政権交代が可能な二大政党制につながる制度とされ導入されました。

確かに、制度導入後、2009年には、政権の中心が自民党から民主党に替わり、2012年には、民主党から自民党に政権の中心が戻るなど、与党と野党の間で政権交代が行われました。

しかし一方で、世論の風向きによって選挙結果が大きく左右されるという弊害も指摘されています。2005年、郵政民営化を掲げて衆議院を解散した小泉純一郎内閣総理大臣が巻き起こした「小泉旋風」により、「小泉チルドレン」と呼ばれる多くの新人議員が当選しました。

２００９年の衆議院議員選挙では、民主党代表代行の小沢一郎氏が選挙を指揮し、多くの新人議員が誕生しました。今度は「小沢チルドレン」に入れ替わり、政権が民主党中心の野党連立政権に移りました。

さらに、「政権再交代」選挙となった２０１２年の衆議院議員選挙では、安倍晋三総裁が率いる自民党が大勝し、多くの新人議員「安倍チルドレン」が誕生しました。

衆議院議員選挙が行われるたびに「チルドレン」が入れ替わることが続きました。

小選挙区制のもとでは、得票が1票でも多い人が１人だけ当選します。そのため、多様な意見のある民意を反映しにくく、第1党の得票率が４割でも、獲得議席は７～８割に達することがあります。２０１７年の衆議院議員選挙の小選挙区では、自民党の得票率は48％で、選挙区の75％の議席を占めました。一方で、小選挙区で落選した候補に投じられて議席に反映されなかった「死票」も48％に達しています。

そうした小選挙区制度の特質から、世論の風が吹くたびに、政治経験が少ない候補者が大量に当選することも起こります。こうした議員の中には、東京生まれ、東京育ちで、海外のビジネススクールに留学しMBA(経営学修士)をとったというような経歴の議員も増えていて、選挙区である地元のことをよく知らない地方選出議員も多くなっています。

もちろん、こうした議員の中に有能な人もいるのですが、新人議員が多く、そのたびに国会の政策議論が振り出しに戻ってしまい、なかなか深まらないという面があります。

政治家も、小選挙区の相手候補を常に意識せざるをえず、次の選挙のことが優先され、なかなか中・長期的な視点を持ちにくいという指摘もあります。

日本では世論調査を行うと、多くの場合、「賛成」「反対」という明確な意思表示をする人は少なく、「どちらかと言えば賛成」「どちらかと言えば反対」という意見の方が多く出されます。

この「どちらかと言えば」という考え方が、日本の民意のベースになっているのではないかと私は考えています。多くの人々がその時々の状況を見ながら、少し右に寄ったり、少し左に寄ったりしながら、結果として、全体のバランスを取って世論を形成してきたのではないかと感じています。

1994年、小選挙区制の導入決定と同時に、政治資金規正法改正と政党助成法も成立しました。「政治とカネ」をめぐる事件が相次ぐ中で、企業や団体、個人からの寄付を制限する一方で、国が税金を使って政党に対する助成を行う制度が導入されました。

この制度では、直近の国勢調査による人口に250円をかけた金額を総額にしています。つまり、国民1人あたり年250円を負担していることになり、総額は約318億円(平成29年度)となっています。

これが、国会議員が5人以上いる政治団体、または議員が1人以上いて、かつ直近の選挙で2%以上の得票率を獲得した政治団体に、議員数などに応じて割り振られます。

こうした制度の結果、政治家個人というよりも政党を選ぶ選挙の色彩が強くなっており、政党の総裁など党首に権限が集中することになります。

これらの制度は、政権交代可能な二大政党制につながると言われましたが、国会議員が5人以上いれば政党として政党助成金を受け取ることができます。そのため、離合集散も激しく、新進党の解党にともない、１９９８年には政党が16党にもなったことがあります。

　この時「日曜討論」で時間を延長して「16党に問う　政治の責任」という番組を放送したことがありましたが、１党が１分発言しても16分かかり、さすがに討論が深まらない状況でした。


　２０１７年10月の衆議院議員選挙では、新たな事態も生まれました。安倍晋三内閣総理大臣が〝国難突破〟を掲げ、任期を１年あまり残した衆議院を解散。対する野党は小池百合子東京都知事が「希望の党」を結成して注目されましたが、民進党の議員の合流をめぐって民進党が分裂。その結果、自民党は解散前と同じ２８４議席を獲得して圧勝し、自民・公明の与党で衆議院の３分の２を上回る選挙結果となりました。

　一方で、野党第１党となった立憲民主党は55議席。与党第１党、自民党の議席数に対する野党第１党、立憲民主党の議席数の割合は19・37％と、戦後最小な状況となっています。政権交代が可能な二大政党制とは程遠い〝１強多弱〟の政治状況が生まれています。

　選挙制度について少し詳しく見てきましたが、議会制民主政治において、国民の意見、民意をどう国政に反映させていくのかがとても重要です。特に、これからの時代を担う若い世代の政治参加をどう進めていくのか、意見をどう反映させていくのかが大きな課題です。

テレビはその中で、どんな役割を求められているのか。ともすると、マスコミは「政局報道」を優先しがちです。総理大臣の進退はどうなるのか、次の総理大臣は誰か、衆議院の解散はいつか、など政権をめぐる闘争や主導権争いなどについての報道です。

ですが、「政局報道」とともに大事なのが、「政策についての報道」です。政策については、時間が限られた中ですべてをきちんと説明するのが難しい、論点が多く絞りきれないなど、どうしてもわかりやすさにこだわりがちなテレビメディアには向かないと考えてしまい、必ずしも積極的に取り組んできたとは言えません。

しかし、日本はいま本格的な「少子高齢化」に直面しています。高齢者が増え続ける中で、社会保障をどうしていくのか。人口が減り、支える若い世代が少なくなる中で、誰がどういう形で費用を負担していくのかなどをはじめ、社会全体で考えていくべき課題が山積みです。

事実をみんなできちんと共有して、同じ土俵に立って、これからの社会のあり方を中・長期的な視点で、地に足をつけた議論を進めていくことが不可欠です。そのために、テレビができることはまだまだ、たくさんあると思います。

いま日本の社会は、その大事な分岐点に差しかかっていると思います。

## ◆公平・公正な番組とは

みなさんはいまのテレビが公平・公正に伝えていると考えていますか。インターネットでの情報はどうでしょうか。

インターネットは、誰もが、どんな意見でも、いつでも書き込んで発信できるツールなので、個々の意見の公平性や公正性を求められることはありません。それだけに多様な幅広い意見が発信されますが、時として、人々を扇動《せんどう》するような過激な意見が発信されることがあります。

一方、テレビやラジオは「政治的公平性の確保」が強く求められています。それは、なぜでしょうか。

放送は、新聞や雑誌、本などのメディアやインターネットなどとは違い、誰もが作った番組を、電波を使って放送することができるわけではありません。それは、放送を届けるために使用する電波の周波数(チャンネル)に限りがあり、電波が国民共有の貴重な財産だからです。それだけに、法律でさまざまなことが決められています。

放送局は「電波法」という法律に基づいて、免許を5年ごとに総務省に申請し、免許を受けて放送しています。免許がなければ電波を出して放送を続けることができません。これは、NHKも民放も同じです。


「免許がもらえなければ放送できない」となると、免許を与える国の関与が強まり、放送の内容が、国や政権与党寄りになってしまうのではないかと思われる方もいらっしゃると思います。

そうしたことを防ぐためにも、放送内容については「放送法」という別の法律で規定されています。放送法第1条2項には「放送の不偏不党、真実及び自律を保障することによって、放送による表現の自由を確保すること」が定められ、また第3条には「放送番組は、法律に定める権限に基づく場合でなければ、何人からも干渉され、又は規律されることがない」と「放送番組編集の自由」が規定されています。

そうした基本原則のもとで、放送法第4条は、放送番組の編集にあたって守るべき4点をあげています。①公安及び善良な風俗を害しないこと、②政治的に公平であること、③報道は事実をまげないですること、④意見が対立している問題については、できるだけ多くの角度から論点を明らかにすること。

「政治的な公平性の確保」はこうした規定に基づき、NHKにも民放にも求められているわけです。NHKでは「国内番組基準」や「放送ガイドライン」を自主的に定めて、さらに具体的な基準を決めています。

「公平かどうか」は、視聴者一人一人の感じ方で違います。

「政府・与党の言い分ばかり放送している」「野党に配慮し過ぎている」「政権寄りの番組だ」「なぜ少数意見を取り上げないのか」……など、政治番組には、さまざまな立場の視聴者の方々から、さまざまな意見が寄せられます。「公平」とはどこが基準となるのか、難しい問題です。

「公平」とは、「機会の均等で、すべてのものを同じように扱うこと」ととらえる方もいらっしゃるかと思いますが、私は「公平」とともに「公正」が大事なことだと考えてきました。「公平」と「公正」、意味がどう違うのか。辞書によっても説明は異なりますが、私は「公平」とは「判断がかたよらないことだ」と考えています。「公正」とは、「公平でかつ、不正のない正しいことだ」と考えています。

そして、視聴者のみなさんに向けた放送では、制作者がみずからの姿勢を常に問い続け、「公平・公正」であろうと努めることが何よりも大事なことだと思います。

たとえば、私が編集責任者を担当した「クローズアップ現代」の場合は、毎回１つのテーマに絞り、問題の焦点になっている現場を取材した映像ドキュメントとスタジオでの解説で伝えてきました。

26分という限られた放送時間の中で、視聴者のみなさんにテーマをわかりやすく伝えるためには、その時点で焦点になっている問題の核心部分を、より深く取材して伝えることになります。スタジオでの解説を含め、より多角的な意見を紹介するように努めていますが、1回の放送で、問題のすべてを伝えられるわけではありません。

限られた時間の中で網羅的に伝えた場合、視聴者のみなさんに何が問題の焦点で、何を考えなければならないかが、伝わりにくくなってしまうからです。

そこで、同じ問題やテーマであっても、新たな事実や新たな問題の焦点などが出てきた時などには、再び取り上げるなど、ニュース・番組の放送全体で「公平・公正」の確保に努めています。

政治討論番組でも、先にお話ししたように政党が16党にもなると、視聴者のみなさんにとって論点がわかる討論を展開しにくくなります。ですから、討論に出席してもらう政党の数や発言回数などは、国会の現有議席数や焦点となっている政治課題とのかかわりなどを考えながら、一定の考え方に立って放送しています。少数政党に対しても、インタビューなどで政策や意見を聞くなどの機会を作り、放送全体として「公平・公正」に伝えようと努力しています。

大事なことは、視聴者のみなさんの判断のよりどころとなる情報を多角的に伝えていくことであり、そのために取材・制作者は、常に多様な意見に耳を傾け、みずからの姿勢を厳しく律し、絶えず事実に基づいて「公平・公正」であろうと努力することが何よりも大切だと思います。

公共放送であるＮＨＫは、税金でもなく広告収入でもなく、視聴者のみなさんに支えていただいている受信料を財源としています。それだけに、特定の利益や視聴率に左右されず、自主的、自律的にニュースや番組を制作し、編成することが求められています。

ＮＨＫは不偏不党のジャーナリズム精神と高い番組制作力を生かして、確かな情報を伝えるとともに、人々が自由に意見を交換できる開かれた広場の役割を果たし、視聴者のみなさんから信頼され、支持される「公共放送」として、さらに力を発揮していかなければならないと思います。それを支えるのが、公共放送で働く職員の使命だと私は考えてきました。

ここまで、テレビだからできること、テレビだから果たすべき役割を求められていることなどを、私の経験からお話ししてきました。では、これからの時代に向かって、テレビとインターネットはどう進んでいくのでしょうか。

第8章

# ネット時代、ニュースや情報をどう読み解くか

## ◆変革を迫られているテレビ

日本でテレビ放送が始まったのが1953年ですので、すでに65年になります。人間で言えば65歳。年金生活が始まる高齢者の入口に差しかかっています。

テレビはいつまでも、みずみずしい存在であってほしいと私は思っていますが、調査のたびに、若者の〝テレビ離れ〟が指摘され、それとともにテレビをよく見る年齢層の高い世代からも「いまのテレビは見たいものがない」という声をよく聞きます。

スマートフォンの普及などで、知りたい情報や好きな動画をすぐに、いつでも、どこでも見られるようになった中で、テレビはこれからの時代に向けてどう進んでいったら、みなさんの期待にこたえ、役に立つことができるのでしょうか。

そして、ネット時代にテレビならではの力をさらに発揮していく道は何でしょうか。

いまテレビは、変革を迫られています。

若者のテレビ離れを少しでも食い止め、インターネットが優先という層にアプローチしようと、民放の無料公式ポータルサイト〝TVer《ティーバー》〟では、テレビで放送した番組のインターネット配信が始まっています。また、見たい時にインターネットを使って、オンデマンドで番組を見てもらおうと、NHKをはじめ各社の取り組みも進んでいます。「NHKオンデマンド」は2008年に始まって10年になります。さらに、ネット企業と組んで、ネット独自の番組配信を始めたテレビ局もあります。

このように、テレビ各局はインターネットを活用してどう未来を切り開いていくか、さまざまな取り組みを始めていますが、まだまだ答えは見えていません。

そうした中で、これからを考えるキーワードの一つが、〝テレビ×ソーシャルメディア〟ではないかと思います。

「いまでも、ニュースや番組の中でツイッターなどのソーシャルメディアを使っているので、いまさらの話ではないか」という番組制作者の声が聞こえてきそうです。

しかし、私が考えているのはいわば〝テレビの演出としての双方向性〟としての活用ではなくて、視聴者一人一人が持っている情報に着目して、テレビとソーシャルメディアのそれぞれの利点を、さらに融合させる必要があるのではないかということです。

2011年3月に発生した東日本大震災とテレビについては、第3章で詳しくお話ししてきましたが、東日本の広範囲で発生した地震、津波の被害、そして福島第一原子力発電所の事故と、未曽有の大災害に直面して、情報をどう入手するか、人々のメディアの利用状況も変わりました。

東日本大震災では、地震直後に情報収集するためのツールとしてツイッターが使われ、1分間に1200件以上のツイートが投稿されるなど、利用が爆発的に広がりました。

被災地でのメディア利用は、地震当日は停電の影響もあり、ラジオ、ワンセグ、テレビの順で使われており、いずれも放送系メディアで情報を得る人が多く、地震から3日目以降になってインターネットで「ライフライン情報」などを見るという人が増えてきたという結果が、NHKが行ったウェブ調査でわかりました。

テレビやラジオの利点として、多くの人々に同時に同じ情報が届くことと、正確で信頼性の高い情報が得られることがあげられます。一方で、災害が広範囲に及び情報が錯綜《さくそう》する中で、取材体制も放送時間も限られているため、地域のきめ細かな被害の状況やライフライン情報などまでは、なかなか伝えきれないという課題があります。

ニュースや情報を伝える報道、編成の流れは放送局の判断で行われるため、いつでも自分の知りたいことを見たり検索したりできるわけではありません。

インターネットを通じたソーシャルメディアは、ツイッターなどで救助を求めることもできますし、一人一人がいる場所の情報を、写真や動画を使って発信することができます。同時に、知りたい地域のことや知りたいことを検索してみるなど、一人一人のニーズにこたえることができます。ただし、誰もが発信できるため、デマ情報や虚偽の情報が含まれていることがあり、その誤った情報が広く拡散してしまう危険性もあります。

テレビとソーシャルメディア、両方の特性を生かせないか。ＮＨＫでは、東日本大震災を機に、「ソルト」というチームを立ち上げました。「ソルト（ＳｏＬＴ）」とは「ソーシャル・

リスニング・チーム」の英語の頭文字をもとにした名前です。

大震災ではツイッターなどのソーシャルメディアが有力な情報源となりました。救助を求めている情報、取材に入れていない地域の被害状況など、こうした情報をデスクとスタッフが収集・分析し、必要な情報を選び出して、放送につなげています。もちろん、情報が本当かどうか、「ウラ」を取って、確認した上で放送するわけです。

事件や事故、災害などが起こっているとツイートの数が増えていきます。現場で何かが起きているのではないかと考え、近くの警察や消防署などに確認取材をして、速報にも役立てています。

さらに視聴者のみなさんから、スマートフォン等で撮ってもらった現場の写真や動画を寄せていただいてニュースや速報に役立てています。最近、大雨による浸水や雷、ヒョウ、竜巻など気象変動が激しくなっています。テレビで「提供　視聴者」と表示された映像が多くなっていると感じていませんか。

人々が必要としている情報を、タイムリーに、正確に、信頼性を持って、一人一人にどう伝えるか、どう伝わるか、放送とソーシャルメディア全体をトータルに考えていく時代に入っていると思います。

もう一つのキーワードは、〝Something New(サムシング・ニュー)〟ではないかと思います。〝何か新しいことへの挑戦〟です。

私がテレビの仕事を始めた頃は、放送はようやく白黒からカラーに変わっていましたが、取材カメラは16ミリフイルム、音声はオープンリールのテープレコーダーを担いでロケをする時代でした。フイルムの編集は透明なセロファンテープのようなもので、映像のカットごとにコマとコマをつなぎ合わせ、音声も6ミリの磁気テープをはさみで切って、必要な音声部分を白いテープでつないでいくというような手作業でした。

初任地の徳島放送局にはテレビ中継車もなく、隣の高松放送局から月に1週間借りながら番組を作るという状況でした。

このように、いまのような便利な機材はほとんどなく、毎回手作りで、知恵を使わないと放送ができない、そんな毎日でした。いまから考えると、何もないからこそ、いつも新しいことを考え、挑戦できた時代だったのだと思っています。

〝Something New（サムシング・ニュー）〟、わくわくしながら、失敗を恐れずにいままでやったことがないことに挑戦しようという当時のテレビの気構えが、高度経済成長で右肩上がりが続いていた時代の空気や人々の気持ちに合致していたのではないでしょうか。

初めてテレビカメラで、東西文明交流の道である秘境・シルクロードの全容を描いた「NHK特集　シルクロード」は1980年に放送されました。1995年には、戦争が相次いだ激動の20世紀を世界各国から集めた膨大な記録フイルムをもとに再構成した「NHKスペシャル　映像の世紀」を放送。テレビの歴史に残り、社会現象にもなった数多くの番組があります。

洋上を航行するクイーン・エリザベス号から、南極から、さらに宇宙からと初めての場所を追い求めて、生中継への挑戦も続きました。

フイルムがビデオになり、さらにデジタルへと放送技術が進化し、いまでは中継も、スマートフォンを使えば世界中から映像がつながります。テレビもアナログからデジタル・ハイビジョンへ、さらに4K・8Kスーパーハイビジョンへと高画質化していきます。

では、放送している情報や番組はこれまで以上に充実してきたのでしょうか。

確かにドキュメンタリーやドラマなどで、見応えがある番組もありますが、多くの視聴者が感じているテレビは、各局とも事件や誰かの発言など話題になりそうな同じテーマを繰り返し取り上げ、コメンテーターがスタジオで意見を言い合うようなワイドショーや情報番組、さらに、芸人がひな壇にならんで「雑学」をワイワイガヤガヤというようなバラエティー番組の印象が強いのではないでしょうか。

それが、「最近のテレビは見るものがない」という視聴者の声につながっているのではないかと感じています。


憲法改正をめぐる論議、格差社会、日本のものづくり、新たな技術開発、エネルギー、少子高齢化、子どもたちの状況、若者の生きがい、老後、社会保障と財政、地域の活性化、仕事と働き方……。例をあげれば、きりがありません。政治、経済、社会など、さまざまな分野で課題が山積しています。国際情勢も深刻化しています。

これからの社会に向けて、どのように人々の合意を作り、解決をめざしていくのか、テレビの役割が求められていると思います。

番組制作力こそがテレビの命。インターネット時代だからこそ、プロの目で深く掘り下げたテレビならではの多様な番組制作に挑戦していってほしいと思います。

調査報道に基づいたドキュメンタリーや討論番組、ドラマなど多様な展開ができると思います。硬いテーマだけでなく、子どもたちが興味を持てる番組、人生を語る・学ぶ番組、そしてこころから楽しめるエンターテインメント番組も必要です。誰もが参加できる広場として、テレビができることはまだまだたくさんあると思います。

その時に、〝Something New（サムシング・ニュー）〟、何か新しいことに挑戦する心構えを常に持ち続けることが大事だと思います。

## ◆ネット情報、新たな模索

アメリカのトランプ大統領の選挙戦やその後の発言で問題になっている「フェイクニュー

ス」については、第1章で詳しく見てきました。

「フェイクニュース」の拡散にどう歯止めをかけるか、ネット企業でも新たな取り組みが始まっています。

２０１６年のアメリカ大統領選挙で、「フェイクニュース」は主にフェイスブックなどのＳＮＳを通じて拡散していきました。フェイスブックは批判の高まりを受けて、アメリカ、ドイツ、フランス、オランダなどで、ニュースを検証する業者と提携したり、利用者が通報しやすくしたりするとともに、フェイクニュースと判断された記事をフェイスブック上で共有しようとすると警告表示をするなどの対策に乗り出しました。

フェイスブックは２０１８年1月、ユーザーの評価をもとに、信頼できる報道機関のニュースを優先して表示する仕組みを取り入れると発表しました。

２０１７年春に行われたフランス大統領選挙に向けては、グーグルが「フェイクニュース」対策に乗り出し、フランスのル・モンド紙やリベラシオン紙、ＡＦＰ通信など17の報道機関が参加して情報の信憑《しんぴょう》性を検証するとともに、一般の利用者からの通報や質問を受ける対策が始まりました。真偽不明のニュースが見つかると、報道機関各社に連絡し、各社が事実確認を行い、複数の社が事実に反すると判断すれば、専門サイトで「にせニュース」として公表するという仕組みでメディアがＳＮＳの点検を行っています。

ドイツでは２０１７年秋の連邦議会選挙を控え、ドイツ連邦議会はフェイスブックやツイッターに対して、違法性が明確な書き込みを24時間以内に削除するよう義務付け、違反した場合には５０００万ユーロ（約67億円）の罰金を科す法案が６月に可決されています。

このように、「フェイクニュース」に対して、さまざまな対策が始まっていますが、そもそも、誰もが自由に発信できるインターネットの中で、膨大にあるソーシャルメディアの情報の中から「フェイクニュース」を選び出し、拡散しないように対策を進めるにはまだまだ課題があると思います。

アメリカでは、新聞などのマスメディアが政治家の発言の真偽を検証する「ファクトチェック（事実確認）」報道を実施しています。一方で、トランプ大統領は、自分の言いたいことはツイッターと、自身のインターネット動画サイト「リアルニュース」で発信を続けています。

こうした政治的な目的が背景にある場合は、トランプ大統領自身の発信内容と、トランプ大統領から名指しで批判されている新聞やテレビの報道とをじっくり見比べて、事実を読み解く以外に手段がないと思います。

もう一つのインターネット大国、中国の場合を見てみましょう。

人口およそ14億人の中国では、急速なスピードでスマートフォンの普及が進んでいます。都市部では9割を超える人々がスマートフォンを保有しているという数字もあります。

2017年4月、私は北京でインターネット大手の「テンセント(騰訊)」とアリババ(阿里巴巴)グループの動画サイト企業「Ｙｏｕｋｕ」、そしてインターネットの動画コンテンツの制作などをしている「青藤文化」を訪問する機会がありました。

みな一様に口々に強調するのが「スピード、スピード」。中国のインターネット企業は若い人々が多く、活気に満ちていました。特に注目されているのが、動画とｅコマース(電子商取引)との連動です。スマートフォン向けの動画コンテンツに興味をもってもらい、それに関連する商品をインターネットのオンラインショッピングで購入してもらうというビジネスです。

彼らが「生放送」と呼んでいたのは、日本のテレビショッピングのインターネット版のような番組で、人々から注目を集めるKOL(キー・オピニオン・リーダー)が、化粧品などの商品を使って実演しながら、商品を販売する方法で、アクセス数や実売数がリアルタイムで出てきます。番組関係者はその数字が変わるたびに一喜一憂しながら、ネットユーザーにもっと商品に注目してもらえるよう、KOLに次々指示を出していきます。

KOLの中には、人々の注目度が高く、商品も売れることから、月に日本円で数千万円も稼ぐ人も現れているということで、「生放送」は一晩中続きました。

毎年11月11日は、すべて1が並ぶことから中国では「独身の日」とも呼ばれています。アリババグループは、毎年この日にこうしたインターネット・オンラインショッピングを、世界最大規模のイベントとして行っていて、2017年には1日24時間で、1682億元(約2兆8500億円)を売り上げました。

このように中国では、スマートフォンなどを通じたネットビジネスは活況をみせていますが、一方で、政治や言論に関する面になると、インターネットに対して厳しい統制が行われています。

インターネットは国境を越えて世界中どことでも、情報のやり取りができる機能を持っていますが、中国は、「金盾工程」や「グレート・ファイアウォール（ネットの長城）」と呼ばれる仕組みを作り、中国当局が「有害」とした海外のニュースサイトや検索サイトなどを中国国内では見られないように制限しています。

この海外サイトの利用制限により、検索サイトのグーグルやSNSのフェイスブック、ツイッターなどの世界的サービスや日本のヤフーの検索なども中国国内では使えなくなっています。中国当局にとって、不都合な情報のやり取りが生じかねないとされるサイトやサービスが遮断されています。

2017年6月、ネット空間の主権と国家の安全を掲げた「中国インターネット安全法」

が施行され、インターネット事業者に対して、利用者本人の身分を確認した上での実名登録が義務付けられました。また、インターネット事業者に対して、国家の安全のための技術供与や協力提供義務が課されています。

8月には、中国国家インターネット情報弁公室は、「テロやデマ、ポルノなどの国家の安全や社会秩序を脅かす情報を流す利用者がいる」として、ネットサービス大手の、テンセント、シナ(新浪)、バイドゥ(百度)の3社の一斉調査に乗り出しました。

調査の結果、テンセントの無料対話アプリ「ウィーチャット(微信)」の公式アカウントで表明した意見などに当局が禁止する内容があったと指摘するとともに、シナのSNS交流サイト「ウェイボ(微博)」でポルノと民族対立をあおる情報、バイドゥが運営する掲示板「ティエバ(貼吧)」ではポルノと暴力、テロなどの情報が確認されたとして、9月下旬に3社に対し罰金などの行政処分を下しました。

また、当局のインターネット接続規制を回避するために使われてきたVPN(バーチャル・プライベート・ネットワーク)について、中国政府は、当局の許可がないVPNの構築や借用を禁止して、取り締まりを強化しています。アメリカのアップル社が中国向け配信サイトからVPNアプリの配信を停止して削除するなどの動きが続き、外国のサイトへのアクセスがさらに難しくなっています。

中国では、2017年7月、8月には、スマートフォンの対話アプリやSNSの交流サイトなどで削除された「違法・不適切情報」の件数が、前年の2倍近くの月に600万件あまりに急増しているとの報道も出されています。

このように、2017年10月の習近平総書記(国家主席)の2期目が決まった中国共産党大会を前にして、中国当局によるインターネット情報への統制が強まりました。

では、日本ではどうでしょうか。

日本でも第5章で見てきたように、インターネット情報には、「事実や内容の正確さよりもビジネス優先」という面があることは事実です。

しかし、日本の場合は新聞やテレビの情報に対する信頼度が70%前後に維持されており、いまの段階では、欧米諸国に比べると「フェイクニュース」が入り込むような状況はまだ少ないと思っています。

「私はテレビを見ません、ネットで見るので十分です」という若い人の話をよく聞きますが、日本の場合、新聞社や放送局が提供している情報がネットニュースにも掲載されている場合が多くあります。

さらに日本の場合、ツイッターやＬＩＮＥ、フェイスブックなどのＳＮＳで交わされている内容を分析すると、マスメディアの情報から発したものが数多くあります。特に、芸能情報やスポーツ、災害や事件、事故のニュースなど話題性が高いマスメディア情報がＳＮＳで交わされているケースが多いと言われています。

みなさんは、ピコ太郎をご存じですか。「ペンパイナッポーアッポーペン（ＰＰＡＰ）」を歌う動画で話題になりました。始まりは２０１６年８月に自費で制作した動画をＹｏｕＴｕｂｅ上に公開したところ、英語圏の動画共有サイトで話題になり、アメリカのタイム誌が「一気に拡散する次のヒットになるのでは」と紹介。イギリスのＢＢＣテレビ、アメリカのＣＮＮテレビでも紹介されました。

反響が広がるにつれ、日本の各テレビ局のワイドショーや情報番組でも取り上げられ、日本のネット上でも大ブレイクしました。そして、年末にはＮＨＫ紅白歌合戦の企画枠にまで登場し、動画の再生回数が1億回を超えました。

このように、インターネットとテレビの間で情報がキャッチボールされ始めると、社会的な大きな話題になっていく、こうした情報の流れが特に日本では強いのではないかと思います。

しかし、今後さらに「新聞やテレビよりもインターネットでの情報優先」という世の中の風潮が強まっていくと、「フェイクニュース」が拡散する危険性が高まります。

日本でも、メディアやジャーナリズムに携わる専門家が集まり、ファクトチェック（事実確認）の推進、普及を目的にした団体「ファクトチェック・イニシアティブ（ＦＩＪ）」が発足しました。

また、２０１７年の衆議院議員選挙では、法政大学の藤代裕之准教授と日本ジャーナリスト教育センターが企画して、事実関係が疑わしいネット上の投稿を学生たちが選別し、新聞・テレビ・ネットメディアなど18社の記者が参加して検証し、ネット上で「フェイクニュース」を公表する活動も行われました。

## ◆ニュース、情報を読み解く3か条

テレビとネット情報、それぞれの利点を生かし、弱点を克服しようと新たな試みが始まっています。みなさんは、それぞれのメディアの特性をよく知り、情報を冷静に読み解く力がいま求められています。

自分が面白いと思った情報は、真偽はともかく、すぐに「いいね！」と他の人に伝えたくなるものです。ですが、そこで少し立ち止まって情報を確認し、誤った情報を反射的に拡散させないことが大事です。

正しい情報をどう選り分けるか、身につけてほしい3か条をお話しする前に、若い世代のみなさんの情報に対する考え方がいまどんな傾向にあるのか、２つの調査をもとに見ていきます。

１つが、前にも触れたＮＨＫ放送文化研究所が行った「日本人とテレビ　２０１５」調査です。

情報に対する考え方を尋ねたところ、男40代以下は、半数以上が「どんな情報でも疑ってかかるほうだ」と答えています。全世代・男女の平均は44％という結果でしたが、男性の16～29歳では62％、30代では58％、40代では54％が「情報を疑ってかかるほうだ」と答えていて、他の世代と比べて高い傾向が出ています。

さらに「多くの情報の中から信頼できるものをより分けることができるほうだ」という問いに対しては、男16～29歳の62％ができるほうだと答え、全体平均の61％とほぼ同じ結果になっています。

もう1つの調査は、博報堂ＤＹメディアパートナーズのメディア環境研究所が行った「メディア定点調査２０１７」です。この調査でこの1年間、最も大きな動きがあったのは、

「世の中の情報量は多すぎる」という答えが2016年に比べて9・9ポイント増加し、52・0%と半数を超えたことです。

また「インターネットの情報は、うのみにはできない」という問いに対しては、2016年に比べて7・3ポイント増加し、79・0%とおよそ8割が「うのみにはできない」と回答しています。さらに「気になるニュースは複数の情報源で確かめる」という項目も、2016年に比べ5・3ポイント増加し、64・4%となりました。

半数以上の人が情報に接した場合、すぐに情報を信じず、疑ってかかり、複数の情報源で確認しようと考えていることがわかりました。

こうした調査も踏まえながら、「その情報、本当ですか?」と確認するため、身につけておいてほしい3か条をまとめてみます。

(1)情報源は何かを確認しよう

・テレビや新聞などのマスメディアと、インターネットの情報では、事実についての考え方や確認のしかた、責任などが違います。これまで見てきた特性をよく考えながら、情報源のクレジットを確認して、情報を読み解きましょう。

・匿名など発信者が不明な情報と、どこから発信されたかわからない情報は信じるのをやめましょう。

(2)必ず複数の項目をチェックして、自分とは違う考え方を聞こう

・SNSで知り合いから情報が届くとその内容や意見を信じやすいものです。

・情報検索した場合も、自分がふだんからよくアクセスしている情報や関心を持っているそうな項目が自動的に上位に表示されることがあります。必ず2つ以上、できるだけ多くの項目を読み、特に自分の考え方と違う項目に目を通して考えてみることが大切です。

(3)自分のスケール(尺度)を作ろう

・事実(ファクト)は1つですが、人々の考え方や意見は、白か黒かの2つだけではありません。途中にグレーの色が無数にあります。

・線を横に引いて真ん中に黒丸を書き、そこを自分の立ち位置と考え、見たり聞いたりした意見は右側か左側のどのくらいの位置にあるのかを考えながら、自分のスケール(尺度)を作ると、ものごと全体が俯瞰して見えるはずです。

・そのスケール(尺度)を見ながら、賛成、反対、わからないなど、全体の意見に耳を傾け、みずからバランスよく考える力を養うことがいま求められています。

# おわりに

事実(ファクト)を確認することは難しい。

この本を書き始めて、あらためて実感しています。事実を突き止めるには、時間のかかる根気がいる作業の連続でした。

インターネットで拡散する「フェイクニュース」の実態や背景を知りたいと考え、インターネットのSNSはもとより、さまざまな報道や文献、大学、シンクタンクや調査機関の調査結果などいろいろな情報を集めました。当然ですが、情報はその発信源によってねらいも違うために、使われている事実も内容も微妙に違います。その中から、情報や資料の内容を精査して、みなさんに知っておいてほしいと思われる情報をまとめました。

私が報道番組のディレクターとして経験した出来事も自分の記憶やメモをもとにまとめま

した。しかしそこでわかったことは、時間がたつうちに、人はうまくいったことや良かったことを中心に記憶していて、それが事実だったと考えがちだということでした。

「その情報、本当ですか？」この質問を、自分に何度も投げかけました。その時、役に立ったのが、国立国会図書館の新聞資料室です。

初任地、徳島の出来事については、マイクロフィルム化されている「徳島新聞」（1975〜1979年）、北海道の出来事については、「北海道新聞」の縮刷版（1990〜1992年）を調べ、自分の記憶に間違いがないかどうか一つ一つチェックしていきました。

どうしても自分の記憶と新聞が伝える情報が合わない時、役に立ったのが意外にも新聞のテレビ欄でした。自分が担当した地域放送番組の放送日が確定でき、さらにさかのぼって記憶やメモをたどることができました。

放送は、文字を逆にすると「送り放し」と読めます。

確かに、私がNHKに入った1975年頃は、業務用のVTRがきわめて高価だったため、放送が終わって一定期間が過ぎると消去し、そのVTRテープに新たな番組を録画して使いまわしていました。そのため、放送から一定期間が過ぎると番組が残っていません。文字通り「送りっぱなし」となっていたわけです。ですから、自分の記憶と取材メモでたどるしか方法がありませんでした。

ＮＨＫが本格的に番組の保存に取り組み始めたのは１９８１年からで、それ以前の番組の多くは保存されていません。現在は、ＮＨＫアーカイブスにニュースや番組が保存されており、インターネットを通じて見ることができます。

「情報」という視点で、インターネットと新聞やテレビなどのマスメディア、双方の特性や弱点を、自分が携わってきたテレビ報道という面からとらえてみました。結果見えてくるのは、インターネットとマスメディア双方の特徴をよく理解し、情報源を確認しながら複数の情報を見比べ、自分で正しい情報をバランスよく読み解くという方法しかないということです。そして、その正しい情報をもとにこれからの進むべき道を自分で考える。

本書が少しでもその手助けとなれば幸いです。

最後に、参考文献と参考資料をまとめてあります。これらは本書を書く際に直接参考にさせていただいたもので、書くにあたって調べた報道や資料は数限りなくあります。みなさんもまずは、自分がいま興味を持っているテーマについて徹底的に調べてみることから始めてみたらどうでしょうか。そこから新しい世界が開けてくると思います。

NHK放送文化研究所の鈴木郁子所長をはじめ、世論調査部やメディア研究部のみなさんから、貴重な資料やアドバイスをいただき感謝しています。

また、この本を書くきっかけとなったのは、メディアプレスの編集者、岡村啓嗣さんと岩波書店ジュニア新書の山本慎一さんとの意見交換からでした。

私は、テレビの報道番組ディレクターとして経験した出来事を振り返りながら、いま一番心配していることは、「事実」や「情報の正確さ」をないがしろにして、他の人々の意見や批判も聞かず、自分の考えばかりを声高に主張するいまの世の中の風潮だと話しました。

いま特に求められている大事なことは、次の時代を担う若い人々が、インターネット上でさまざまな情報が膨大にあふれる中で、「フェイクニュース」ではなく、事実に基づく本当のニュース、情報をえり分けて、自分で読み解いていく力を身につけていくことではないかという考えで一致しました。

そのために少しでも役立つ本を作ろうということになり、『その情報、本当ですか？　ネット時代のニュースの読み解き方』が生まれました。

お二人からは数々の貴重な助言をいただき感謝しています。ありがとうございました。

塚田祐之

2018年1月

## 【参考文献】

中央公論（２０１７年７月号）「特集　フェイクニュースが世界を覆う」中央公論新社
ＮＨＫ放送文化研究所（２０１６）「放送メディア研究13　特集　世論をめぐる困難」ＮＨＫ出版
奥村倫弘（２０１０）『ヤフー・トピックスの作り方』光文社新書
奥村倫弘（２０１７）『ネコがメディアを支配する　ネットニュースに未来はあるのか』中公新書ラクレ
藤代裕之（２０１７）『ネットメディア覇権戦争　偽ニュースはなぜ生まれたか』光文社新書
池上彰・津田大介（２０１６）『池上彰×津田大介　テレビ・新聞・ネットを読む技術』ＫＡＤＯＫＡＷＡ
川上量生監修（２０１４）『角川インターネット講座４　ネットが生んだ文化　誰もが表現者の時代』ＫＡＤＯＫＡＷＡ
田中辰雄・山口真一（２０１６）『ネット炎上の研究』勁草書房
ＮＨＫ札幌放送局日ソプロジェクト（１９９１）『コースチャから北方領土へ　ひらかれるソビエト極東と北海道』ＮＨＫ北海道ビジョン・中西出版
那須弘之（２００５）『ロシア国境記者　北辺の大地を駆けた日々』中西出版

## 【参考資料】

Pew Research Center(2017.9.7)「News Use Across Social Media Platforms 2017」

BuzzFeed News(2016.11.17)「This Analysis Shows How Viral Fake Election News Stories Outperformed Real News On Facebook」
Pew Research Center(2016.12.15)「Many Americans Believe Fake News Is Sowing Confusion」
Stanford Graduate School of EDUCATION/THE WALL STREET JOURNAL(2016.11.21)「Most students don’t know when news is fake, Stanford study finds」
Public Policy Polling(2016.12.9)「National Issues Poll」
GALLAP(2016.9.14)「Americans’ Trust in Mass Media Sinks to New Low」
POLITIFACT「Donald Trump’s file “The PolitiFact scorecard”」
徳島県治山林道課（１９７６）「治山林道事業　台風17号災害の記録　昭和51年」
ＮＨＫ放送文化研究所・世論調査部（２０１５）「全国放送意向調査『日本人とテレビ　２０１５』結果の概要」
内閣府（２０１７）「平成28年度　青少年のインターネット利用環境実態調査　調査結果（速報）」
総務省（２０１７）「平成28年　通信利用動向調査の結果」
総務省情報通信政策研究所（２０１７）「平成28年　情報通信メディアの利用時間と情報行動に関する調査〈概要〉」
公益財団法人　新聞通信調査会（２０１８）「第10回　メディアに関する全国世論調査（２０１７年）　調査結果の概要」
電通（２０１７）「２０１６年　日本の広告費」
ＮＨＫ放送文化研究所（２０１７）「２０１７年11月　全国個人視聴率調査の結果」
株式会社ディー・エヌ・エー　第三者委員会（２０１７年３月）「調査報告書（キュレーション事業に関する件）　全

文・要約版」
文部科学省初等中等教育局児童生徒課（2017）「平成28年度『児童生徒の問題行動・不登校等生徒指導上の諸課題に関する調査』（速報値）」
博報堂DYメディアパートナーズ　メディア環境研究所（2017）「メディア定点調査2017」

**塚田祐之**

1952年埼玉県生まれ．早稲田大学政治経済学部卒業．1975年日本放送協会(NHK)に番組ディレクターとして入局．徳島放送局，報道局，札幌報道局で主にニュース・報道番組の企画，取材，制作に携わる．2002年「クローズアップ現代」編集責任者．2004年報道局編集主幹．2005年広報局長．2007年経営計画局長．2010年から理事，専務理事を務め2016年退任．

その情報、本当ですか？
——ネット時代のニュースの読み解き方
岩波ジュニア新書866

2018年2月20日　第1刷発行
2023年9月5日　第6刷発行

著　者　塚田祐之《つかだひろゆき》

発行者　坂本政謙

発行所　株式会社　岩波書店
〒101-8002　東京都千代田区一ツ橋2-5-5

案内　03-5210-4000　営業部　03-5210-4111
ジュニア新書編集部　03-5210-4065
https://www.iwanami.co.jp/

印刷製本・法令印刷　カバー・精興社


ISBN 978-4-00-500866-7　Printed in Japan

# 岩波ジュニア新書の発足に際して

きみたち若い世代は人生の出発点に立っています。きみたちの未来は大きな可能性に満ち、陽春の日のようにひかり輝いています。勉学に体力づくりに、明るくはつらつとした日々を送っていることでしょう。

しかしながら、現代の社会は、また、さまざまな矛盾をはらんでいます。営々として築かれた人類の歴史のなかで、幾千億の先達《せんだつ》たちの英知と努力によって、未知が究明され、人類の進歩がもたらされ、大きく文化として蓄積されてきました。にもかかわらず現代は、核戦争による人類絶滅の危機、貧富の差をはじめとするさまざまな人間的不平等、社会と科学の発展が一方においてもたらした環境の破壊、エネルギーや食糧問題の不安等々、来るべき二十一世紀を前にして、解決を迫られているたくさんの大きな課題がひしめいています。現実の世界はきわめて厳しく、人類の平和と発展のためには、きみたちの新しい英知と真摯《しんし》な努力が切実に必要とされています。

きみたちの前途には、こうした人類の明日の運命が託されています。ですから、たとえば現在の学校で生じているささいな「学力」の差、あるいは家庭環境などによる条件の違いにとらわれて、自分の将来を見限ったりはしないでほしいと思います。個々人の能力とか才能は、いつどこで開花するか計り知れないものがありますし、努力と鍛錬の積み重ねの上にこそ切り開かれるものですから、簡単に可能性を放棄したり、容易に「現実」と妥協したりすることのないようにと願っています。

わたしたちは、これから人生を歩むきみたちが、生きることのほんとうの意味を問い、大きく明日をひらくことを心から期待して、ここに新たに岩波ジュニア新書を創刊します。現実に立ち向かうために必要とする知性、豊かな感性と想像力を、きみたちが自らのなかに育てるのに役立ててもらえるよう、すぐれた執筆者による適切な話題を、豊富な写真や挿絵とともに書き下ろしで提供します。若い世代の良き話し相手として、このシリーズを注目してください。わたしたちもまた、きみたちの明日に刮目《かつもく》しています。(一九七九年六月)

924 過労死しない働き方
―働くリアルを考える
川人　博
過労死や過労自殺に追い込まれる若い人を、どうしたら救えるのか。よりよい働き方・職場のあり方を実例をもとに提案する。

925 障害者とともに働く
藤井克徳
星川安之
「障害のある人の労働」をテーマに様々な企業の事例を紹介。誰もが安心して働ける社会のあり方を考えます。

926 人は見た目！と言うけれど
―私の顔で、自分らしく
外川浩子
見た目が気になる、すべての人へ！「見た目問題」当事者たちの体験などさまざまな視点から、見た目と生き方を問いなおす。

927 地域学をはじめよう
山下祐介
地域固有の歴史や文化等を知ることで、自分・社会・未来が見えてくる。時間と空間を往来しながら、地域学の魅力を伝える。

928 自分を励ます英語名言101
小池直己
佐藤誠司
自分に勇気を与え、励ましてくれるさまざまな先人たちの名句名言に触れながら、自然に英文法の知識が身につく英語学習入門。

929 女の子はどう生きるか
―教えて、上野先生！
上野千鶴子
女の子たちが日常的に抱く疑問やモヤモヤに、上野先生が全力で答えます。自分らしい選択をする力を身につけるための1冊。

930 平安男子の元気な！生活　川村裕子

意外とハードでアクティブだった!? 恋に出世にライバル対決、元祖ビジネスパーソンたちのがんばりを、どうぞご覧あれ☆

931 SDGs時代の国際協力
―アジアで共に学校をつくる　西村幹子　小野道子　井上儀子

バングラデシュの子どもたちの「学校に行きたい！」を支えて――NGOの取組みから未来をつくるパートナーシップを考える。

932 コミュニケーション力を高める
プレゼン・発表術　上坂博亨　大谷孝行　里見安那

パワポスライドの効果的な作り方やスピーチの基本を解説。入試や就活でも役立つ「自己表現」のスキルを身につけよう。

933 確かめてナットク！
物理の法則　ジョー・ヘルマンス　村岡克紀訳

ロウソクとLED、どっちが高効率？ 物理学は日常的な疑問にも答えます。公式だけじゃない、物理学の醍醐味を味わおう。

934 深掘り！中学数学
―教科書に書かれていない数学の話　坂間千秋

三角形の内角の和はなぜ180°になる？ なぜ割り算はゼロで割ってはいけない？ なぜマイナス×マイナスはプラスになる？…

935 はじめての哲学　藤田正勝

なぜ生きるのか？ 自分とは何か？ 日常の一歩先にある根源的な問いを、やさしい言葉で解きほぐします。ようこそ、哲学へ。

943 数理の窓から世界を読みとく
―素数・AI・生物・宇宙をつなぐ
初田哲男
柴藤亮介 編著

数学を使いさまざまな事象を理論的に解明する方法、数理。若手研究者たちが数理を共通言語に、瑞々しい感性で研究を語る。

944 自分を変えたい
―殻を破るためのヒント
宮武久佳

いつも同じメンバーと同じ話題。親に勧められた大学に進学し、楽勝科目で単位を稼ぐ。ずっとこのままでいいのかなあ？

945 ヨーロッパ史入門
原形から近代への胎動
池上俊一

古代ギリシャ・ローマから、文化的統合体としてのヨーロッパの成立、ルネサンスや宗教改革を経て、一七世紀末までを俯瞰。

946 ヨーロッパ史入門
市民革命から現代へ
池上俊一

近代国家の成立や新しい思想の誕生、二度の大戦、アメリカや中国の台頭。「古い大陸」ヨーロッパがたどった近現代を考察。

947 〈読む〉という冒険
イギリス児童文学の森へ
佐藤和哉

アリス、プーさん、ナルニア……名作たちは、本当は何を語っている？「冒険」する読みかた、体験してみませんか。

948 私たちのサステイナビリティ
―まもり、つくり、次世代につなげる
工藤尚悟

「サステイナビリティ」とは何かを、気鋭の研究者が、若い世代に向けて、具体例を交えわかりやすく解説する。

955 世界の神話 躍動する女神たち　沖田瑞穂

強い、怖い、ただでは起きない、変わってる⁉ 世界の神話や昔話から、おしとやかなイメージをくつがえす女神たちを紹介！

956 16テーマで知る 鎌倉武士の生活　西田友広

鎌倉武士はどのような人々だったのでしょうか？ 食生活や服装、住居、武芸、恋愛など様々な視点からその姿を描きます。

957 〝正しい〟を疑え！　真山 仁

不安と不信が蔓延する社会において、自分を信じて自分らしく生きるためには何が必要なのか？ 人気作家による特別書下ろし。

958 津田梅子―女子教育を拓く　髙橋裕子

日本の女子教育の道を拓き、シスターフッドを体現した津田梅子の足跡を、最新の研究成果・豊富な資料をもとに解説する。

959 学び合い、発信する技術―アカデミックスキルの基礎　林 直亨

アカデミックスキルはすべての知的活動の基盤。対話、プレゼン、ライティング、リーディングの基礎をやさしく解説します。

960 読解力をきたえる英語名文30　行方昭夫

英語力の基本は「読む力」。先生と生徒の対話形式で、新聞コラムや小説など、とっておきの例文30題の読解と和訳に挑戦！